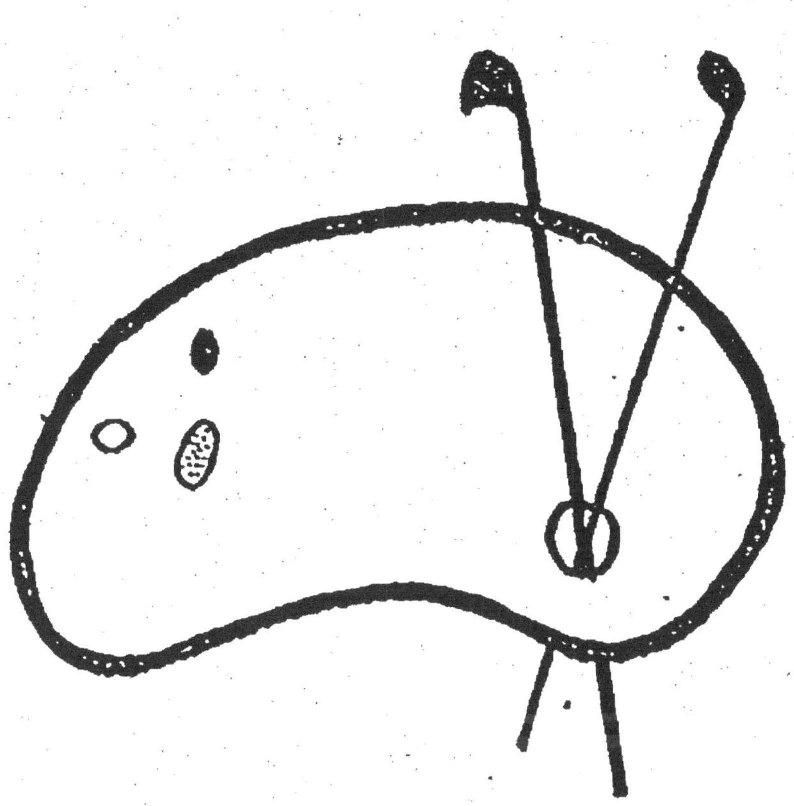

DEBUT D'UNE SERIE DE DOCUMENTS
EN COULEUR

# LE SAHARA

## SOUVENIRS D'UNE MISSION A GOLÉAH

PAR

## AUGUSTE CHOISY

INGÉNIEUR EN CHEF DES PONTS ET CHAUSSÉES.

PARIS

E. PLON ET Cⁱᵉ, IMPRIMEURS-ÉDITEURS

RUE GARANCIÈRE, 10

—

**1881**

*Tous droits réservés*

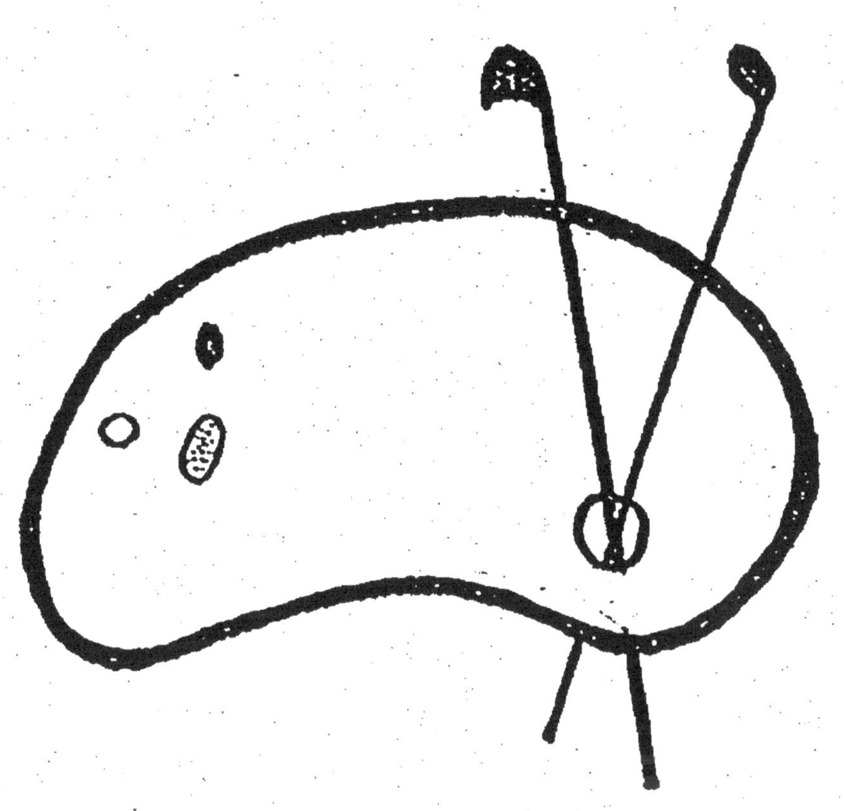

FIN D'UNE SERIE DE DOCUMENTS
EN COULEUR

# LE SAHARA

## SOUVENIRS D'UNE MISSION A GOLÉAH

PARIS. TYPOGRAPHIE DE E. PLON ET C<sup>ie</sup>, RUE GARANCIÈRE, 8.

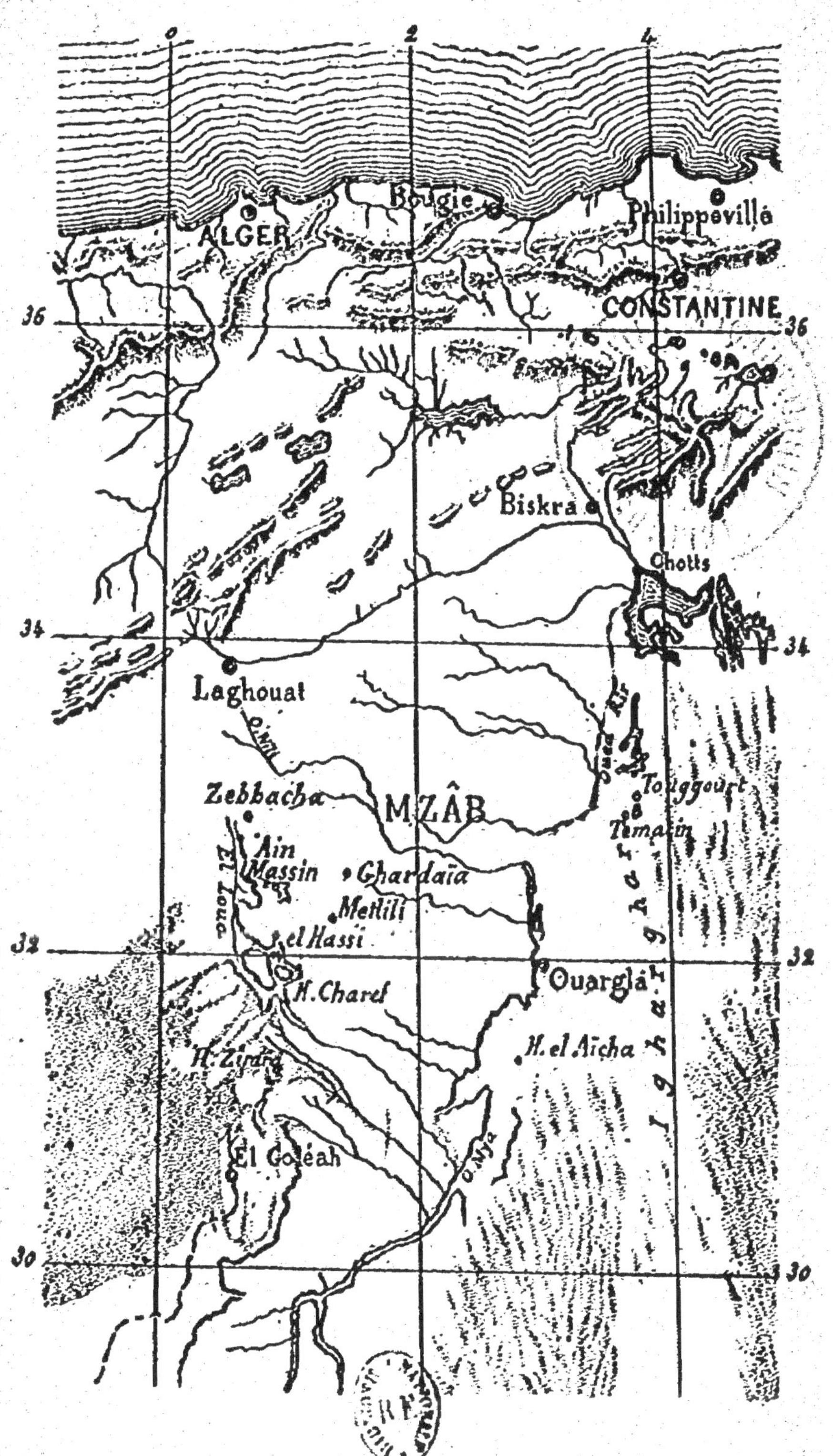

ALGER
Bougie
Philippeville
CONSTANTINE
Biskra
Chotts
Laghouat
Zebbacha
MZÂB
Touggourt
Temacin
Ain Massin
Ghardaïa
Metlili
el Hassi
Ouargla
H. Charel
H. el Aicha
H. Zirara
El Goléah

# LE SAHARA

## SOUVENIRS D'UNE MISSION A GOLÉAH

PAR

## AUGUSTE CHOISY

INGÉNIEUR EN CHEF DES PONTS ET CHAUSSÉES.

PARIS

E. PLON ET Cⁱᵉ, IMPRIMEURS-ÉDITEURS

10, RUE GARANCIÈRE

—

1881

*Tous droits réservés*

# AVERTISSEMENT

Pendant l'hiver de 1879 à 1880, je fus chargé par M. de Freycinet, ministre des Travaux publics, d'une mission au Sahara : il s'agissait de tracés pour un chemin de fer reliant l'Algérie au bassin du Niger; j'étudiais le point de départ, le colonel Flatters marchait aux découvertes, et poussait vers le Soudan cette audacieuse reconnaissance qu'un désastre terrible devait si tristement interrompre.

Notre itinéraire fut celui-ci :

De Laghouat, la caravane se dirigea vers le sud jusqu'à l'oasis d'El-Goléah, puis elle s'achemina, suivant la direction nord-est, vers Ouaïglâ, parcourut du sud au nord la région de l'Oued-Rir, et rejoignit à Biskra l'Algérie colonisée.

J'avais pour compagnons de route :

M. Barois, ingénieur des Ponts et chaussées;

M. Rolland, ingénieur au corps des Mines;

M. le docteur H. Weisgerber;

M. le lieutenant Massoutier, adjoint au Bureau
arabe de Laghouat;

MM. Descamps et Pech, chefs de section aux
chemins de fer de l'État;

et enfin le regretté Pascal Jourdan, garde-mines
principal, à qui le voyage coûta la vie : son nom
mérite d'être joint à ceux des infortunés compagnons de Flatters.

De cette mission, je rapporte des travaux
techniques, qui ne sauraient trouver ici leur
place; des impressions du désert, qui feront
l'objet de ce petit livre; et, avant tout, un souvenir affectueux et reconnaissant pour les excel-
lents collaborateurs qui eurent le dévouement
de me suivre : je leur aurais dédié ces récits, si
j'avais cru que des notes de voyage pussent
recevoir une dédicace.

# LE SAHARA

SOUVENIRS D'UNE MISSION A GOLÉAH

---

Le Sahara est, je crois, le pays du monde dont notre imagination altère le plus étrangement les contours et les couleurs : nous l'entrevoyons de si loin, qu'il nous apparaît comme ces silhouettes confuses qui bordent l'horizon, où les proportions se faussent, les détails s'effacent, les nuances se mêlent. Chacun, selon son tour d'esprit, rêve dans ce lointain un pays de poésie et de lumière, peuplé d'êtres bizarres, tels qu'il n'en existe que dans les contes. Chacun a son Sahara : le mien était une grande plaine brûlante, couverte de sable mouvant que le simoun agite, qui retentit au loin du rugissement des lions, et que traversent des bandes d'Arabes montés sur leurs chevaux sauvages. Ce Sahara des légendes m'avait charmé tout enfant : je lui conservais ce bon et crédule souvenir que l'on aime à garder pour de vieilles illusions ; mais à part moi je n'étais qu'à demi convaincu, et plus d'une fois je m'étais pris à me demander s'il est bien vrai que le désert existe, lorsque, pour dissiper mes doutes, le chemin de fer trans-saharien vint fort à propos me transporter en plein Sahara. Trois mois entiers je dus vivre de la vie de caravane, sans cesse entouré d'Arabes du Sud, sans autre perspective que des horizons vides. Toute une révolution s'opéra dans mes idées en ces trois mois. Le Sahara, pays plat ? Quels beaux ravins à pic j'y ai gravis ! — Un ciel de feu ? On gèle rien qu'en songeant à certaines nuits du désert. — Du sable ? J'ai marché de longues journées sans en trouver de quoi sécher une lettre. — Au reste, il y a désert et désert : désert plat et désert raviné ; il y a même désert de sable. Quant au désert des lions et des chevaux sauvages, faites-en le sacrifice ; les lions boivent, les chevaux aussi, et il faut renoncer à les voir animer un pays qui ne serait pas le désert s'il possédait de l'eau.

Il existe au Sahara plus d'hommes que de lions, ce qui ne veut pas dire que le Sahara soit fort peuplé ; mais les hommes qui l'habitent ne nous ressemblent guère plus que leur pays au nôtre. Graves, impassibles, solennels comme le désert même, on dirait que l'isolement a fait d'eux des êtres à part, avec des principes de conduite qu'ils ne partagent avec personne. Leur tempérament moral se prête aux contradictions les plus étranges : tour à tour infatigables et apathiques, honnêtes et pillards, bienveillants et féroces, ils ont le secret d'associer à chacune de leurs qualités le défaut opposé ; dans leur conscience comme dans leurs actes, tout se concilie et s'accommode. Comment ? je l'ignore ; mais tout s'arrange, et l'impression finale qui nous reste est en somme de la sympathie.

C'est ce caractère des nomades·du désert que je voudrais esquisser ici ; mais je n'entends point le rendre par des traits généraux qui sont, à mon sens, incapables d'exprimer une physionomie et de composer un portrait : j'essayerai de photographier ce qui se dit, ce qui se pense sous une tente du Sahara, et de faire pour un instant partager la vie même des Arabes. Menus entretiens, traits fugitifs de caractère, j'ai cru devoir ne rien dédaigner, ne rien omettre ; car ces détails que l'indigène croit sans conséquence sont les seuls où sa nature se laisse prendre sur le vif ; seuls ils peuvent en se groupant donner une figure d'Arabe qui tienne sur ses pieds et qui marche.

Laghouat, janvier 1880.

Figurez-vous, au milieu d'une plaine jaune, une forêt de grandes tiges droites et nues, couronnées par des panaches d'un vert épais et lourd : de vrais balais, tels que ceux dont les ménagères se servent pour atteindre les araignées, mais longs de vingt mètres et d'une fierté de port incomparable ; représentez-vous ces grands plumeaux groupés par milliers et jetant leurs silhouettes fantastiques sur un ciel argenté : voilà le cadre de Laghouat.

La ville est un fouillis de ruelles tortueuses et de huttes en terre, avec une

place carrée et deux ou trois rues droites
que bordent des portiques à l'italienne.

Sous les portiques vit une population
oisive et déguenillée, qui porte des lambeaux de burnous, se vautre par terre et
cumule assez heureusement les vices de
l'Européen avec ceux de l'Arabe. On donne
à ces gens-là le nom de Laghouati, et c'est
dans cette belle société que nous devrons
recruter nos auxiliaires indigènes. Pour un
instant j'ai désespéré de voir sortir de là
un homme capable d'autre chose que dormir
et voler : je désespérais à tort, et il est
consolant de penser que même parmi les
Laghouati il existe de braves gens; mais il
fallait se connaître en Arabes pour les démêler dans la foule; et je crois que je les chercherais encore, si M. le capitaine Spitalier,
chef du bureau arabe, n'eût pris sur lui de
les trouver. On ne pouvait me rendre un
plus grand service, ni me le rendre de meilleure grâce. L'obligeance, la franche et

entière obligeance qui n'habite plus guère le monde civilisé, s'est réfugiée à la lisière du désert : MM. les officiers ont fait pour nous l'impossible [1], M. Spitalier a tiré de ce ramas de drôles huit individus que j'estime incapables de me tuer, presque incapables de me piller. Notre cher lieutenant les mènera, et Dieu sait s'il s'y entend. M. Massoutier connaît leurs ruses aussi bien que leur langue; il sera l'âme de la caravane.

12 janvier.

Aujourd'hui doit avoir lieu l'enrôlement de notre personnel indigène, et c'est tout un tableau que cet enrôlement.

Dès hier, on a publié dans Laghouat un avis dont voici la substance :

[1] Il y a parmi MM. les officiers de la subdivision de Médéa des noms que je ne pourrais omettre sans me montrer ingrat : M. le général de la Tour d'Auvergne, M. le colonel Roullet, MM. les commandants Belin et Corps, M. le capitaine Spitalier, se sont associés à notre œuvre avec un dévouement que je ne saurais assez reconnaître.

« A la condition expresse d'amener avec soi un bon garant, tout honnête homme est convié à venir, sous les arcades du bureau arabe, briguer l'honneur d'être des nôtres. » Et chacun de prétendre à cet honneur, rien que pour se donner des airs d'honnête homme. Deux heures d'avance les arcades sont envahies; les candidats attendent couchés à l'ombre, blottis dans leurs burnous, ou bien assis sur leurs talons. On braille, c'est un siége en règle à la porte du bureau arabe; tout le monde a des titres, mais personne n'a de caution. « Point de caution, point d'enrôlement; revenez demain matin, mes amis. » Et la séance est brusquement levée.

13 janvier.

Ce matin, tous ont leurs répondants, tous sauf un : « Et comment veux-tu que je compte sur toi? — Je te donne ma parole. — Rien que ta parole? — Rien qu'elle. — Si tu n'as que ta parole à me donner, va-t'en. » — L'Arabe comprend ; sans dire un mot, il se drape dans son burnous et se retire, aussi solennel, aussi grave, aussi digne que s'il eût reçu la marque de confiance la plus flatteuse. Cela se passe sur la place publique, en face de tout Laghouat qui flâne : et personne, à commencer par l'intéressé, personne n'est surpris. Ces Arabes ont au moins le mérite de savoir ce qu'ils valent et de se le laisser dire.

Le triage n'est pas long, car les antécédents de chacun sont connus ; en une heure le choix est fait, et désormais je ne pourrai traverser la place de Laghouat sans voir parmi les désœuvrés qui l'encombrent quelqu'un de nos élus qui me salue comme un chef et me fait dans un jargon que j'ignore des protestations auxquelles je n'entends rien.

## NOS SAINTS.

Tout le Sahara relève d'une puissance morale singulière, celle des saints. Il est en ce pays des gens assez favorisés du ciel pour naître saints, et ces marabouts forment une aristocratie religieuse à laquelle tout est soumis. Ne jugez pas de leur pouvoir sur leur mine : tel marabout en haillons n'aurait qu'un signe à faire pour déchaîner sur vous une horde de fanatiques. Que penser de ces grands marabouts qui comptent des serviteurs religieux jusqu'au Soudan, et reçoivent du fond du désert des caravanes d'offrandes? Laghouat a l'honneur de posséder, en la personne de Si-Ahmed-Tedjini, un de ces marabouts du plus haut étage; Moulay-Ali est aussi un marabout avec qui l'on doit compter : j'essayerai de les mettre l'un et l'autre dans mes intérêts. La difficulté est que, tout saints qu'ils soient, ces deux grands personnages s'entendent mal ensemble, et l'ami de l'un est presque fatalement l'adversaire de l'autre. Je tâcherai d'être l'ami de tous les deux.

13 janvier.

Visite à Moulay-Ali.

Moulay-Ali est absent : nous remettons nos cartes entre les mains d'un grand diable de domestique qui les tourne et les retourne entre ses gros doigts, sans trop savoir ce que ces carrés de carton signifient. Réflexion faite, le domestique se rend avec nos cartes dans un café où le saint passe sa vie, et nous laisse dans la rue.

Dix minutes s'écoulent; puis nous apercevons, au bout de la rue, un gros homme en burnous noir, qui marche appuyé sur une canne de palmier, et précipite le pas autant que le permet le poids du ventre qu'il promène avec lui. C'est le saint qui, à l'annonce de notre visite, a quitté son café pour accourir à nous. Nous allons à sa rencontre, et notre première entrevue se passe dans un carrefour où les dévots affluent pour lui offrir leurs hommages. L'un applique furtivement ses lèvres au pan du burnous noir; l'autre effleure la main du saint du bout de ses doigts, qu'il baise ensuite religieusement : tel est le salut arabe, et tel est à peu près le salut qui s'échange entre le saint et nous. Les saluts terminés, j'arrive au fait, insinuant au marabout combien je serais aise de recevoir de lui une recommandation pour ses serviteurs religieux du Sud. Le saint, tout essoufflé encore, répond par un geste de bienveillant assentiment. « C'est une grande et belle chose, lui dis-je alors, que cette haute influence morale qui va nous protéger jusqu'au fond du désert, là où les armes seraient impuissantes à nous défendre. — Oui, répliquat-il, mon influence es. ..ande; mais, croyez-le bien, *je ne suis pourtant qu'un homme.* »

Cela m'a paru divin ! C'est la mesure de ce qu'un grand marabout croit être ; et cela me fait penser malgré moi à certain roi du temps passé qui, chaque matin, se faisait dire par son valet de chambre : « Souviens-toi bien, Philippe... », et le reste, tout comme chez Moulay-Ali. Sur ce, Moulay-Philippe nous invite à venir prendre le café dans sa maison, et nous y conduit, toujours solennel, toujours bonhomme, et toujours entouré d'hommages : Moulay-Ali est prophète jusque dans la ruelle qu'il habite.

La maison de Moulay-Ali n'a rien au dehors qui la distingue des autres : murailles de terre, point de fenêtres sur la rue, une porte étroite et une terrasse close. Moulay-Ali frappe deux coups de sa canne de palmier ; une main mystérieuse apparaît au-dessus de la clôture de la terrasse, laisse tomber une grosse clef dans la main du saint, et nous nous engageons dans un corridor tortueux qui aboutit à une grande

chambre d'apparat destinée aux réceptions
d'étrangers. Ce salon, dont Moulay-Ali nous
fait gracieusement les honneurs, a ses murs
entièrement bariolés. On dirait un tatouage
tout composé de fleurs imaginaires et d'in-
scriptions où les contours de l'écriture simulent vaguement des silhouettes de bêtes fantastiques; le bleu et le rouge dominent et
s'associent en une harmonie terne, lourde et
criarde. Une vieille natte est étendue sur le
sol, et, au milieu du salon, un guéridon européen porte une pendule de pacotille ornée
de figures de zinc.

Moulay-Ali nous laisse en repos contempler ces splendeurs pendant qu'il improvise
les préparatifs de notre réception. En toute
hâte on recouvre la natte d'un tapis tunisien
à couleurs voyantes. Puis c'est un service en
filigrane doré qu'on exhibe. Puis vient le thé
parfumé de cannelle et de girofle, et enfin le
café; le tout accompagné de récits pompeux
où perce à chaque mot l'allusion à quelque

service rendu par le saint personnage aux intérêts français. Moulay-Ali ne jure que par la chambre de commerce d'Alger, dont il est, je crois, membre honoraire. Il m'a montré sa correspondance avec elle : une lettre, un brevet, fait plus qu'on n'imagine pour s'attacher les hommes de race orientale. Les Anglais le savent ; et, en voyant Moulay-Ali m'étaler ses diplômes, je me rappelle certain cheikh druse de Syrie qui m'a jadis si fièrement décliné son titre de sujet anglais, et qu'un simple diplôme avait gagné à sa nationalité nouvelle.

Bien entendu, j'applaudis au légitime orgueil qu'inspirent à Moulay-Ali ses certificats d'origine française, et nous reprenons la conversation interrompue. « Connaissez-vous, me dit-il, tel Français que j'ai accompagné et protégé dans ses voyages? — Non, lui fis-je. — Eh bien! je suis content qu'il n'y ait rien entre vous et lui, car il s'est montré ingrat. — Ingrat? — Oui. »

Et, continuant par versets bibliques, que l'interprète me traduit à mesure que le saint les prononce :

« Il m'a dit qu'il n'avait point de pain, et je lui ai donné du pain.

« Il m'a dit qu'il n'avait point de vêtements, et je l'ai vêtu;

« Point de toit, et je l'ai abrité.

« Il m'a dit qu'il n'avait point d'argent, et je lui ai donné de l'argent.

« Et il s'est montré ingrat ! »

Chaque verset était dit d'une façon lente et grave, sans un geste, sans la moindre émotion, tout sur une seule note. A chaque verset, Moulay-Ali s'interrompait pour laisser l'interprète me traduire sa pensée. Salomon lui-même n'était ni plus solennel ni plus sentencieux lorsqu'il parlait aux envoyés de la reine de Saba. Et, pour compléter cette scène biblique, le fils du saint était là debout, immobile, fixant sur nous de gros yeux étonnés, et n'osant point ouvrir la bouche devant son père.

14 janvier.

Les quatre jours qui suivirent notre entrevue avec Moulay-Ali furent remplis par les préparatifs terre à terre du voyage. Tedjini, son rival de sainteté et d'influence, était malade, et nous avons dû ajourner notre visite. Mais la majesté de l'audience nous indemnisera du retard.

Cette fois, c'est un grand, un très-grand personnage à qui nous avons affaire : un homme qu'il fallut, sous un prétexte flatteur, éloigner de l'Algérie pendant les troubles de 1870. Interné à Laghouat, il obtint un jour la permission de faire un pèlerinage au sanctuaire d'Aïn-Mâdi, où reposent ses ancêtres; il s'attarda, et l'on crut utile d'envoyer une colonne de cavalerie indigène pour le sommer de rentrer à Laghouat. La colonne, composée de ses serviteurs religieux, mit pied à terre, et les hommes vinrent à tour de rôle baiser le pan de son

manteau ou la bride de son cheval. — Non-
seulement les hommes lui obéissent, la nature est à ses ordres. A-t-il faim, il dit au
palmier : « Courbe-toi »; et le palmier s'in-
cline pour lui laisser cueillir ses dattes. Il est
même au-dessus du péché, et ce n'est pas
pour lui que Mahomet a défendu le vin :
celui qu'il boit se change en miel. Tel est
l'homme que nous allons aborder.

Il habite hors de la ville, au milieu d'un
parc entouré de grands murs. Un serviteur
nous attend à cinquante pas de la maison,
et nous introduit. L'entrée est mystérieuse.
Le corridor, au lieu de s'ouvrir droit sur la
rue, se coude par trois fois pour garantir la
demeure du saint contre les regards indiscrets ou pour en rendre la défense plus
facile : c'est la défiance orientale. A chaque
tournant est posté un gardien avec un poi-
gnard à la ceinture ; la cour est bordée d'une
haie de gardes, tous armés de poignards;
dans le fond de la cour, des gazelles jouent

en liberté, et notre approche les met en fuite.

Enfin le sanctuaire s'ouvre. C'est une grande salle à peine éclairée, demi-arabe, demi-européenne. Le plafond figure un ciel étoilé; des lithographies en couleur tapissent les murs, et des vases de porcelaine étalent à nos yeux de gros bouquets de fleurs artificielles telles qu'on en vend au voisinage de Saint-Sulpice pour servir, hélas! à l'ornement de nos églises. Sur le sol, des peaux de mouflons avec leurs têtes et leurs cornes font office de tapis : tapis bien traître, où je suis en train de trébucher, lorsqu'une portière rouge se soulève, et une dame apparaît sans voile, en robe de satin bleu avec des dentelles blanches. C'est madame Tedjini. Tedjini lui-même la suit, superbement drapé, et portant, jeté sur l'épaule gauche, un manteau violet, juste de la couleur d'un vêtement d'évêque.

Madame Tedjini nous reçoit à l'européenne, et parle le français avec une aisance qui nous surprend : elle est Française et chrétienne : le saint s'est marié avec une mécréante. Tedjini cause peu, sa femme cause pour lui; la conversation se passe en banalités polies, et nous nous retirons, munis d'une recommandation nouvelle pour les pieux musulmans du Sud.

15 janvier.

Je suis donc sous la protection des saints; mais je veux mieux que la protection lointaine d'une lettre collective : il me faut un saint à moi tout seul, un saint en chair et en os, qui voyage avec nous pour nous couvrir de son prestige. Et j'ai le bonheur de trouver à Laghouat un jeune marabout qui consent à remplir auprès de moi cet office.

Si-Naïmi (c'est son nom) appartient à cette grande famille des Ouled-Sidi-Cheikh qui représente dans l'Ouest le parti de l'indé-pendance arabe, et qui va bientôt nous causer à nous-mêmes de terribles émotions. Orphelin en bas âge, Si-Naïmi fut recueilli par un oncle, Si-Eddin, vieillard superbe, à mine vénérable et qui met des gants. Tous deux, à la suite d'une émeute, tombèrent entre les mains des Français, et tous deux furent internés à Laghouat. Ils y vivent sous une tente surmontée de plumes d'autruches noires, qui sont les insignes de leur noblesse, et s'y ennuient : Si-Naïmi demande à nous suivre, Si-Eddin y consent; et, sans même s'en laisser prier, il s'offre librement à devenir son otage. J'accepte, convaincu que le plus net de la parole du neveu, c'est la condition de prisonnier faite à son oncle; j'aurais aujourd'hui à reprendre avec moi Si-Naïmi, je l'agréerais sur sa seule parole.

Si-Naïmi est un jeune homme de vingt-quatre ans, grand, le teint basané, la lèvre épaisse, les traits fins, la mine franche, l'allure calme et un peu froide, avec de beaux grands yeux d'une singulière douceur. Élevé dans toutes les pratiques de la plus exquise politesse arabe, il garde vis-à-vis de ceux qui l'entourent une réserve, et vis-à-vis de son oncle un respect qui n'entrent guère dans nos mœurs occidentales; jamais je ne l'ai vu s'asseoir à côté de Si-Eddin, ni prononcer une parole devant lui. Sa situation parmi nous est bizarre : il part sans provisions, sans vivres, sans animaux de bât; il est marabout, et les tribus qu'il va traverser se composent presque toutes des serviteurs religieux de sa famille. Pour obtenir un chameau, il lui suffit d'un mot; un mot lui assurera, s'il le veut; la dernière réserve de dattes ou d'argent d'une pauvre famille. Ce n'est pas sur les six francs par jour de sa solde qu'il compte vivre, il va se montrer à ceux qui révèrent en lui le descendant des saints, et s'enrichir d'offrandes pieuses.

Représentez-vous le rôle de Si-Naïmi parmi nous; ce rôle est bien arabe. Le chef do sa tribu, Sidi-Hamza, est notre ennemi juré; et lui, son parent et notre prisonnier, s'enrôle dans nos rangs et nous protége. Il y a là tout au moins une nuance équivoque ou délicate : cette nuance, il ne l'aperçoit pas; peu d'Arabes, je crois, sont en état de la saisir. L'Arabe s'attache à un chef, à une personne, bien plus qu'à une idée, à un principe. Il est l'homme d'un parti, d'une coterie, d'un « sof », et c'est tout.

Si-Naïmi estime et vénère Sidi-Hamza, mais il est des nôtres; rien ne l'obligeait à nous suivre, il nous suit sans scrupule et se battra, s'il le faut, contre les siens. Qu'il soit brave, il suffit; peu importe dans quels rangs il sert. Jamais un Arabe ne se croit lié par devoir à telle ou telle cause : une tribu ne se sent pas solidaire de la tribu voisine; et, dès qu'une lutte se déclare, c'est le choix seul qui décide du parti que chacun embrasse.

C'est là, si je ne me fais illusion, l'image assez fidèle de ce qui se passait chez nous

avant l'établissement de l'unité française;
la guerre ne répondait point alors à une
idée nationale; les hommes étaient en cause,
et non pas le pays. Et cela dura jusqu'au
dix-septième siècle, peut-être même au
delà. L'idée de nationalité, semble-t-il, ne
se dégage qu'à un certain âge de l'éducation
morale des peuples; cet instant arrivera-t-il
pour la race arabe? du moins il est sûr que,
pour les Arabes du désert, ce temps n'est
pas à beaucoup près venu.

# III

## LA CARAVANE.

16 janvier.

Il nous faut aujourd'hui acheter nos chameaux, et nous n'aurons que l'embarras de
les choisir. Sur un avis répandu dans les tribus, des troupes entières de chameaux ont
pris le chemin de Laghouat pour s'offrir à
nous; tous se rassemblent sur une petite
place située hors de la ville, et là s'accroupissent, puis attendent. C'est plaisir de voir
comme ils savent attendre; pas un ne donne
un signe d'inquiétude, une marque d'impa-
tience : leur calme fait mon admiration.
Quelle sage et raisonnable créature que ce
chameau! Pas d'instincts très-élevés, vindi-
catif comme tous les diables; à cela près,

bonne âme et douce, et sympathique à l'homme. C'est un des rares animaux qui daignent vous regarder au passage : il tourne vers vous deux grands beaux yeux ronds, et vous contemple. — Accommodant! vous en jugerez par la façon dont il souffre qu'on l'entrave : on lui plie la jambe, et on la maintient pliée par une corde; est-il personne au monde qui se laissât traiter ainsi? Les chameaux s'arrangent de ce régime, et restent là avec leur corde au genou, sans penser à rien. Lorsque l'ennui les prend, ils grognent à faire trembler, mais sans malice et pour passer le temps. Ou bien ils se dressent comme ils peuvent sur trois jambes, font quatre temps d'une sorte de galop le plus gauche et le plus saccadé du monde, s'accroupissent à nouveau, et rentrent dans la contemplation.

Ces braves chameaux, nous les passons consciencieusement en revue; mais, hélas! nul de nous n'est expert, et grand serait

notre embarras si la malveillance publique
ne prenait soin de nous éclairer. L'Arabe est
commère par nature, dénonciateur par instinct : il a l'esprit jaloux, et c'est un besoin
pour lui de fournir, sans qu'on l'en prie, un
renseignement qui peut nuire à quelqu'un.
« Tu veux acheter le chameau d'Achmed?
mais il est boiteux, ce chameau : il est vieux
et usé; combien en veut-il? — Mais il ne
vaut que tant : Achmed est un fripon. » Il
faut prendre ces commérages pour ce qu'ils
sont : du moins vous êtes sûr que si la bête
présente une tare, les amis charitables vous
en signaleront dix; laissez parler, vous sau-
rez tout, les défauts, le prix et le reste.
Mais que la patience est nécessaire pour
conclure un marché en ce pays! le temps
n'est rien pour l'Arabe : il hésite, il ater-
moie : la journée passe, nous devrons remettre le chargement à demain.

Tandis que nous marchandons nos chameaux, nos outres se remplissent à l'abreu-

voir public. C'est un spectacle bien divertis-
sant que d'assister à cette séance de remplis-
sage. Un nègre du Touât saisit sur sa tête
un entonnoir en tresse d'alfa qui lui sert de
coiffure, l'engage dans le cou d'une peau de
bouc, et puis on verse. C'est d'abord la panse
qui se gonfle en tremblotant et se dessine à
mesure que l'eau s'engouffre; puis vous
voyez s'allonger deux pattes, et puis deux
autres; enfin la bête entière devient recon-
naissable, et l'outre remplie garde vaguement
la figure d'un vilain bouc mal empaillé. —
Voilà ce que nous allons boire, ou du moins
boire couramment : nos tonnelets sont une
réserve, et il est convenu qu'on ne touchera
à l'eau qu'ils recèlent qu'au moment où com-
mencera la torture de la soif.

— Viennent les incidents de personnel, les
réclamations, les plaintes, que sais-je? On
écoute toujours trop les Arabes, et pourtant on
se ferait scrupule de leur fermer entièrement
l'oreille : leurs lamentations font mon supplice.

Règle générale, une plainte ou bien une demande est toujours annoncée par une profession de dévouement; le compliment semble d'abord tomber des nues, et puis on s'aperçoit qu'il n'était que le préambule insinuant d'une requête. Voici une de ces protestations entre mille :

Un de mes Arabes, un enfant gâté, m'arrive la main sur son cœur : « Où tu iras, je te suivrai; je mourrai si tu meurs; si tu vis, je vivrai; tu seras mon père, et je serai ton fils. » — « Mais, mon ami, tout cela est ton devoir; à quoi bon d'ailleurs cette profession de foi, et à quel propos vient-elle? » — Une demi-heure après, survient le père : notre Arabe, pour se consoler du départ, lui a volé ses poules, et les a données en payement d'un peu d'absinthe. Faut-il dire que le fils est un malhonnête homme? Point du tout, c'est un Arabe. Il a volé des poules, soit, mais c'étaient les poules de son père; et puis ce n'est pas contre de l'argent qu'il les a échangées, c'est contre de l'absinthe. Peut-on, à la veille du départ, résister à de si touchantes excuses?

Autre incident. Par notre contrat, la nourriture des Arabes est formellement laissée à leur charge : il s'agit de la mettre à la nôtre, et pour cela les drôles n'imaginent rien de mieux qu'un appel à notre compassion. Tout leur blé vient de leur être volé au moulin même! Des gens crédules se seraient laissé attendrir, nous tenons bon : nos Arabes ne rachètent pas pour un sou de blé; et le soir même chacun a dans un sac sa provision de farine au complet.

Ils doivent se munir de tentes : ils le doivent, mais à aucun prix ils n'en peuvent trouver à Laghouat : il faut que je leur obtienne des tentes de l'armée, ou bien ils coucheront à la belle étoile tout le temps du trajet. — « Eh bien! vous coucherez à la belle étoile! » Et deux jours après, dans le désert où les marchands de tentes sont

rares, chaque groupe étale effrontément la
sienne. Voilà les piéges que les Arabes tendent sans répit à votre naïveté; il faut une
patience d'ange pour y tenir : ce que j'en ai
pour ma part est à bout; et, las de ce manége
d'écolier, je grimpe respirer l'air du soir sur
une butte à pic qui domine la ville et le
désert.

J'allais là pour voir le désert, mais, prêt à
quitter la vie civilisée, involontairement je
me retourne vers elle : je regarde Laghouat,
et jamais l'oasis ne m'est apparue si belle.
Les feux des maisons jettent dans les palmiers une fumée bleue qui voile entièrement
les tiges : les panaches seuls émergent de ce
brouillard comme des ailes de grands oiseaux
qui planeraient sur un nuage; les collines du
lointain sont pourpre et tout le ciel orange :
volontiers je m'éterniserais là; mais il faut
en finir vite avec les rêveries, et redescendre
pour aviser au départ.

# IV

## NOS PREMIÈRES ÉTAPES.

16 janvier.

Il est de principe que jamais une caravane ne se met en marche le jour fixé pour le départ : les retards sont de règle. Nous partons, nous, au jour fixé, mais bien tard. Quelle lente opération qu'un premier chargement de chameaux, et quel désordre! Qui dit chameau dit honnête bête, mais peureuse et d'intelligence un peu lourde, qui ne comprend rien d'abord à ce qu'on veut d'elle, et perd la tête. C'est une cohue : on se bouscule, on veut fuir, on se heurte gauchement et l'on grogne! des grognements à faire trembler la ville, à réveiller les morts. Bref, tout en grognant, on se laisse saisir par le

museau : un chamelier retient la bête en s'ac-
crochant à sa queue ; un autre, en se pendant à son cou, la force à s'accroupir : elle
met deux genoux à terre, et puis les deux
autres, et tend le dos ; elle se relève char-
gée, bâtée, surchargée s'il le faut : mais elle
a protesté en hurlant, et cela, paraît-il, est
une consolation pour les chameaux.

Cinq heures et demie du soir.

Enfin notre chargement est au complet,
et nous nous mettons en marche. Pur acquit
de conscience, car nous camperons à une
demi-lieue de Laghouat : mais du moins nous
camperons, nous coucherons sous la tente ;
ce sera un campement d'essai ; et si quelques
détails clochent, demain au jour nous serons
assez près de la ville pour envoyer y pourvoir.

Au camp.

Tout, absolument tout, va de travers, le
désordre est parfait. Ce sont les chevaux qui
commencent : ils se font un jeu d'arracher à

tour de rôle leurs piquets d'attache, et de reprendre au galop de charge le chemin de Laghouat. Les chameaux à leur tour se mettent de la partie : un, puis un autre, puis moitié de la bande, prennent le galop et désertent. Mais rendons-leur justice, les déserteurs entendent ne rien garder de notre bien : d'un coup d'épaule ils se débarrassent de leur charge, et ne veulent de nous que la liberté. A la nuit noire, le camp est à peine installé, et il est bien dix heures quand je puis, étendu de mon long et regardant en l'air le toit blanc de la tente, songer en paix aux agréments que le voyage nous réserve si pareille fête doit se renouveler chaque soir.

17 janvier.

Au point du jour, second chargement de la caravane. Il y a progrès : l'opération n'exige plus cette fois que deux heures, et, bien entendu, elle est comme hier accompagnée d'un concert de hurlements où les humains font leur partie, mais où les voix de chameaux dominent. On s'habitue à tout. Aujourd'hui cela me paraît étrange : bientôt j'y serai fait; et, rentré dans le train courant de la vie, il me semblera chaque matin que quelque chose me manque quand j'aurai cessé d'entendre cette musique d'enfer, et de voir béantes ces gueules énormes.

Nous recevons pendant le chargement la visite d'adieux de Si-Eddin, l'oncle de notre jeune marabout : et en son honneur on prépare le café avec l'eau dont on dispose, l'eau goudronnée des outres. Je rougis rien qu'à songer quelle drogue j'ai offerte à ce pauvre Si-Eddin : entre Européens on eût ri de bon cœur; notre hôte garde tout le sérieux, toute la dignité qu'un Arabe met à recevoir ou remplir les devoirs de l'hospitalité. Si-Naïmi, plus heureux que nous, se tient légèrement à l'écart, debout, n'osant prendre part en présence de son oncle à cet empoisonnement de cérémonie. Si-Eddin lui dit adieu en l'embrassant sur l'épaule, s'éloigne en nous souhaitant le succès; et, pour de bon, nous nous mettons en route vers le Sud.

Le pays est sûr, nous le croyons du moins; et, sur la foi de cette tranquillité apparente, nous organisons la marche d'une façon vraiment commode, où chacun trouverait son compte si les pillards n'y pouvaient trouver le leur : nous laissons la caravane s'avancer à sa guise, et nous restons en arrière. La caravane va son train : le gîte, l'auberge marche en avant; et nous autres allons chevauchant, dessinant, mesurant à notre aise sous la protection de quelques cavaliers indigènes. Le soir nous rattraperons le logis, et tout le jour nous aurons le divertissement de voir la file de nos chameaux onduler dans la plaine.

Une caravane du Sahara n'a pas, comme une caravane d'Asie, l'aspect d'un long serpent qui rampe sur le sol : toute notre bande marche de front en une longue ligne oscillante : on dirait un grand filet noir qui balaye

lentement le sol : un de ces filets que les bra-
conniers promènent la nuit sur les moissons.
Je la suis de l'œil. La voici qui franchit un
faîte; et les chameaux détachent tous à la
fois leurs silhouettes sur le ciel : à ce moment,
ils paraissent énormes et produisent l'illusion
d'une haie d'arbres plantée sur la crête du
coteau. Leurs longues jambes font à s'y
méprendre l'effet des tiges élancées d'un
taillis; à travers la forêt de jambes, le ciel
brille comme dans une clairière; puis la clairière s'assombrit, les jambes des chameaux
se raccourcissent à vue d'œil, et bientôt je
n'aperçois plus derrière la colline que leurs
petites têtes se balançant au bout de leurs
longs cous : la caravane a passé, il ne reste
devant moi que la plaine nue.

— Que la plaine nue : je me trompe, il
reste autour de moi mes cavaliers indigènes,
qui animent un peu la solitude et me repro-
duisent, en petit, tous les effets de mirage de
la caravane même. J'ai surtout un aide que le

mirage rend beau, rend surprenant ; je ne me lasse pas de le contempler sous les déformations bizarres que lui imprime l'atmosphère chaude du désert : il semble tantôt s'agiter comme un fantôme, tantôt se tortiller comme une figure qu'on regarde dans un verre grossissant, ou bien comme un polichinelle de caoutchouc qu'on tord et qu'on étire : cet indigène a nom Omar.

Omar est un grand homme sec et un peu cassé, métis de Turc et d'Arabe, qui me suit grimpé sur une haridelle étique, et porte en travers sur le pommeau de la selle une mire de six pieds. Il tient du squelette plus encore que de l'homme. Quand je vois son grand corps s'allonger dans la brume du soir, avec sa longue perche qui a tout l'air d'une lance et son araignée de monture qui se découpe sur le ciel, malgré moi, je songe à don Quichotte : le portrait de don Quichotte ressemble de tout point à mon Omar.

Mirage à part, c'est un digne homme

qu'Omar : il a voyagé chez les Mormons et connaît l'Amérique d'où il est revenu pour servir la France au temps de nos désastres : un homme d'aventures, soit; un peu difficile à vivre, soit encore : à tout prendre, c'est un homme, et tel que j'en voudrais beaucoup connaître. Mais laissons-là Omar et revenons au désert.

Comme aspect général, le désert que nous parcourons à présent est bien un pays plat : n'allez pas cependant l'imaginer plat comme une table, uni comme une nappe d'eau; ses reliefs sont à peu près ceux des plateaux de la Champagne. Supposez que les plaines qui s'étendent autour de Reims soient dépouillées de leur culture, et vous aurez l'idée assez fidèle de cette région. Çà et là un bas-fond isolé, une cuvette déprimée d'un mètre ou deux au-dessous de la plaine garde assez d'humidité pour alimenter des caroubiers rabougris; en dehors de ces bas-fonds, aucun arbre ne saurait vivre. L'alfa, si commun au pied de l'Atlas, croît encore ici ; vers le sud il deviendra de plus en plus rare, et la plante qui le remplace est une sorte de thym à feuilles grasses et pâles, avec de grosses racines que les Arabes brûlent et appellent du bois. Ce thym pousse par touffes isolées. A mesure que les brins se développent, ils arrêtent au passage le sable que le vent promène : une butte se forme et grandit avec la plante ; de sorte que chaque touffe se présente invariablement au sommet d'une grosse taupinière. Les taupinières sont espacées de deux en deux pas : si bien que vous ne sauriez marcher en ce maudit pays sans trébucher.

Des taupinières couronnées de maigres pousses de thym, voilà donc le premier plan du paysage. Quant au lointain, le mirage seul en fait les frais : les tiges des caroubiers situés à l'horizon paraissent grandir à mesure que l'air s'échauffe ; leur feuillage reflété dans le ciel produit l'effet d'une brume ver-

dâtre qui planerait dans l'espace; et des cou-
rants tièdes qui circulent entre l'œil et l'horizon impriment à ces images un tremblote-
ment étrange. Vous avez observé chez nous,
à l'époque de la moisson, des lointains qui
semblent s'agiter en rides oscillantes dans
l'air chaud de midi? c'est là le frémissement
qu'éprouvent les lointains du désert.

Puis vers le soir, tout se calme, les proportions se rétablissent, l'illusion cesse, et le
désert reprend son désolant aspect d'aridité
et de mort.

Cinq heures du soir.

Arrivée au camp. La caravane nous a
devancés, les tentes sont debout, rien ne
manque : aujourd'hui tout a marché aussi
bien que tout hier allait mal; c'est propre et
correct autant que l'installation d'hier était
désordonnée et confuse. Le camp représente
un carré très-régulier, les bagages et les tonnelets sont disposés en bordure et forment une

ligne de défense enveloppant nos tentes et nos chevaux. Mais voyez le caractère arabe. Ce beau carré, Dieu sait ce qu'il a fallu d'efforts pour en faire pénétrer l'idée dans la cervelle de nos sauvages. M. Massoutier a dû prendre chaque tonnelet, chaque sac à son tour et lui désigner sa place sur l'alignement; et, quand le dernier tonnelet de la dernière rangée resta seul à poser, l'Arabe qui le roulait n'avait point deviné encore où il fallait l'arrêter! Demain, les Arabes auront vu, ils copieront. Ils ont vu, cela résume la supériorité de notre campement d'aujourd'hui sur celui d'hier, cela résume en un seul mot toute l'histoire de la civilisation arabe. Jamais, que je sache, l'Arabe n'a rien inventé, rien deviné. La science arabe, au temps où les Arabes étaient savants, fut toute d'emprunt: ils furent philosophes de la philosophie d'Aristote, géomètres de la géométrie d'Euclide, médecins d'après les Grecs: peuple d'imitateurs et parfois d'admirables imitateurs, mais qui n'a point le souffle de l'originalité ou l'esprit d'invention, heureux privilége des races auxquelles l'avenir appartient.

# V

## AU BIVOUAC.

C'est le soir que la caravane mérite d'être vue. N'étaient les tentes européennes, on se croirait transporté dans un monde de revenants : de grands diables d'Arabes encapuchonnés, vêtus de blanc des pieds à la tête, rôdent autour des feux; d'autres fantômes armés de pioches arrachent des racines pour alimenter la flamme ; et les chameaux qui errent en liberté se dessinent en noir comme des ombres sur un ciel blafard : cela tient du cauchemar bien plus que de la vie réelle.

La vie réelle, on ne la sent ici qu'au froid insupportable dont on souffre. Dès que le soleil a disparu, on gèle; le thermomètre baisse à vue d'œil et descend fort souvent au-dessous de zéro : la chute est brusque, instantanée, accablante, et le premier souci qu'on éprouve en voyant approcher la nuit, est de s'envelopper et de se rôtir. Nos Arabes, en gens sensés, font avec de bonnes racines de bons feux qui flambent peu, mais qui durent ; nous autres Européens, il nous faut de la flamme, et nous brûlons de l'alfa : nous allumons une touffe, puis une seconde, puis une troisième ; cela fait un feu clair, réjouissant et dont on abuse. J'ai vu tel d'entre nous allumer vingt touffes d'alfa là où deux eussent amplement suffi : pur enfantillage, qui serait coupable comme toutes les prodigalités s'il était réfléchi ; mais l'entraînement est irrésistible ; on trouve un charme singulier à cet abus d'une liberté que le désert seul peut offrir, on aime à voir briller cette belle flamme transparente qui ne peut ni incendier une maison ni gêner un voisin ; on se sent chez soi, et l'on fait acte de possession sur un domaine qui n'a d'autres bornes que celles

3.

de l'espace. Certes un homme élevé dans cette atmosphère d'indépendance et de liberté doit avoir sur toutes choses des vues différentes des nôtres, plus hardies et plus larges : et c'est là sans doute que l'Arabe prend cette ampleur d'allure et cette fierté de caractère que nos sociétés étouffent. — Mais il s'agissait, je crois, d'un feu d'alfa ?

Ce feu si gai va bientôt nous manquer ; l'alfa devient de jour en jour plus rare ; et, faute de pouvoir me chauffer à mon feu, je me décide à m'aller asseoir au feu de nos Arabes : l'idée a quelque chose de bizarrement patriarcal qui me tente ; et puis ce contact du bivouac me donnera l'occasion de connaître mes hommes, de me faire connaître et d'inspirer confiance. Tantôt j'irai me mêler à ce groupe et tantôt à cet autre, et cela égalisera entre eux l'honneur aussi bien que l'ennui de mes visites.

Ne croyez pas, d'ailleurs, que changer de groupe soit changer de spectacle : rien, si ce n'est le désert même, rien n'est uniforme comme la vie arabe; qui a vu un bivouac les a vus tous : c'est un pêle-mêle, un tas d'hommes assis, étendus, accroupis entre des sacs d'orge, des selles de chameaux et des marmites; un fouillis où l'on distingue à peine, à la lueur rougeâtre du feu, des bras nus, des jambes à muscles énormes, des figures basanées et des chiffons de laine blanche. Tout le monde est silencieux. J'arrive : vite on étale à mon intention une housse de chameau; je m'assieds, et me voici l'hôte de mes Arabes.

Ces Arabes sont en vérité de bonnes gens : polis, prévenants, parfois de la naïve gaieté de l'enfance, et toujours profondément touchés d'une marque de bienveillance ou d'intérêt; on sent régner dans ces veillées du bivouac je ne sais quelle familiarité aisée qui n'exclut pas le respect et qui rapproche les distances sans les effacer : nul n'est gêné, et, par un rare privilége de savoir-vivre, chacun a le bon goût de se tenir à sa place.

La conversation, entravée par la difficulté de la langue, est terne et traînante. On se salue, et, les saluts échangés, on se tait. Dix minutes se passent. Puis un Arabe élève solennellement la voix : « Tu es notre père, me dit-il, Dieu te protége ! Nous te suivrons si loin que tu ailles, jusqu'en France s'il le faut. » —Puis un silence. Dix minutes après, un autre reprend cette formule : « Je te suivrai partout, car tu es mon père. » Et cet Arabe qui m'appelle ainsi son père est un vieillard à barbe blanche ; mais n'importe. — Nouvelle pause.

C'est alors qu'il faut s'attendre à voir venir quelque récit intéressé : l'Arabe ne perd jamais la tête. Ainsi, on me redit le conte de la farine volée au moulin la veille du départ, tout comme si l'on s'imaginait que j'en pusse être dupe : mais cela sans insister, discrètement, à la façon de gens qui n'ont nulle prétention de vous forcer à les croire.

Ou bien un dialogue s'engage, tel à peu près que celui-ci :

« Tu connais Alger? — Oui, et toi? — Je
ne le connais pas, moi, mais j'y ai un frère;
vérité de Dieu! c'est un honnête garçon! —
Et qu'y fait-il? — Il est en prison, il a volé. »
En ce pays, on vous dit : J'ai volé, comme chez
nous on dirait : J'ai un rhume de cerveau. Mais
l'Arabe ne me débite pas cette histoire pour
le seul plaisir de m'apprendre qu'il a un frère
et que son frère est voleur : « Tu es puissant
parmi les Français, continue-t-il, fais que la
liberté lui soit rendue, Dieu accroîtra ton
bien. » — La supplique a l'issue que vous
pensez, mais l'Arabe ne se tient jamais pour
battu. Il a commencé par des compliments,
il continue par des flatteries : ce sont des
confidences que nous sommes censés ne point
entendre, des aparté de théâtre : « Nous
sommes contents que les grands de la caravane viennent ainsi se chauffer avec nous; —
nous voudrions les avoir ainsi près de nous
tous les soirs; — ils sont nos pères. » Cela
court de bouche en bouche à voix basse,

mais pas si basse que nous ne soyons forcés d'entendre. Est-ce naïf? est-ce politique? C'est, je crois, l'un et l'autre, car l'Arabe est un enfant qui a tous les raffinements de l'âge mûr. Évitons de lui appliquer nos qualificatifs, qui ne sont pas faits pour lui : son tempérament moral diffère si fort du nôtre, que ses mérites ainsi que ses défauts échappent à nos formules.

A part ces petits chuchotements demi-naïfs et demi-politiques, à part les récits, les grands récits ennuyeux comme des conférences, on ne cause point entre Arabes : la conversation, l'ingénieux échange des idées, des impressions et des sentiments leur est un plaisir inconnu; et leurs réunions ne sont que des occasions de se taire en société ou de s'offrir mutuellement des compliments tout faits. Mohammed arrive près de Geilali : « Comment vas-tu? — Et toi? — Bien. — Bien aussi, Dieu te conserve. » Cela dit, l'entretien est terminé. Une demi-heure se passe, on se bâille mutuellement au nez, ou bien on répète l'éternelle question : « Comment vas-tu ? — Et toi ?... » La question, on la pose sans y penser ; la réponse, on ne l'écoute pas, on rentre dans le silence, et l'on se quitte : on n'a rien dit, mais on a pour un instant vécu d'une vie commune. Deux Européens qui se visitent mettent en commun leurs pensées ; deux Orientaux se contentent de respirer le même air, de se chauffer au même feu.

# VI



20 janvier.

Un courrier! La joie est dans tout le camp. Une échappée semble s'ouvrir sur la France. Chacun dévore ses lettres, et puis écrit, écrit encore. Les Arabes mêmes se mettent de la partie, le courrier retourne à Laghouat chargé de lettres qui portent en guise d'adresse cette formule : « Que ce papier parvienne au seigneur X... s'il plaît à Dieu, et que Dieu le protége! » Les bons Arabes croient le courrier venu tout exprès pour porter et recevoir leurs lettres : ils me font malgré moi songer à cet honnête oison qui croyait les gens de la basse-cour créés exprès pour le servir. Le vrai est que le courrier n'a porté tant et de si belles dépêches que pour me remettre l'avis d'une attaque qui se prépare. Je conserve l'avis pour moi, rien ne sert de démoraliser la bande; j'avertis vaguement qu'à mesure qu'on s'éloigne, il importe de se mieux garder, et, pleine de confiance, la caravane s'engage dans la vallée du Nili.

L'aspect de cette vallée présente les plus bizarres contrastes : point d'eau, et toutes les apparences d'un sol modelé par les eaux; on sent qu'une rivière aujourd'hui tarie a jadis animé ce coin du désert : on la suit, on la voit grossir, puis s'épanouir et se perdre; mais aujourd'hui le lit n'est plus marqué sur le sol jaune que par un semis sinueux de points verdâtres : des touffes de thym poussent où l'eau a coulé, et quelques arbrisseaux chétifs achèvent de jalonner son cours.

Pourtant, un bois nous apparaît sur la rive du Nili : un vrai bois de pistachiers; et tout à côté s'élève un petit dôme dont la forme est celle d'une vulgaire cloche à melon, mais qu'on a su placer d'une façon charmante sur la crête de la vallée. Voilà le premier monument et le premier groupe d'arbres que je rencontre depuis que je marche au désert : et ce n'est pas un simple hasard qui associe ces deux raretés l'une à l'autre. Le dôme est une tombe de marabout, et le petit bois est dédié au souvenir du saint homme qui le protége de son prestige. — Ces vallées du désert, aujourd'hui si arides, ne seraient donc point impropres à la croissance des arbres? Pour ma part, je pense qu'on parviendrait à y créer des forêts; mais je crains fort qu'à défaut d'une police impossible, il ne faille bien des marabouts pour les défendre. Mes indigènes m'assurent qu'il y a trente ans, tous les bas-fonds de cette contrée étaient boisés : aujourd'hui, les seuls bois qui subsistent intacts sont ceux que la religion a pris sous sa garde. Celui-ci est superbe. Les pistachiers ont le port et presque la taille des chênes de nos forêts; tous se montrent tondus par-dessous, jusqu'à la hauteur où les chameaux peuvent brouter. Çà et là des jujubiers sauvages se ramassent en fourré; un tapis de sable fin s'étend entre les troncs des grands arbres; et de jeunes chameaux qui se reposent à l'ombre laissent deviner leurs contours à travers la clairière. On est ravi de trouver au désert cet îlot d'ombre, de fraîcheur et de vie. Quelle figure ferait-il, transporté dans un vrai pays de forêts? je ne veux point le savoir; et, parmi tant d'illusions qui s'effacent, je tâche au moins d'en conserver une.

A peine ai-je perdu de vue le bois et la tombe du saint, qu'une nouvelle tombe se montre, puis deux, puis trois : j'en découvre sur toutes les crêtes des coteaux. Ce ne sont plus des dômes, mais de simples amas de pierres, des buttes oblongues, sans orientation fixe, toutes situées sur les hauteurs et dominant la vallée. Un instant je doutai

que ces buttes fussent des sépultures; je les
pris pour des signaux servant à marquer la
direction d'une route à travers le désert.
Mais pourquoi les avoir multipliées à ce point?
Je me rappelai aussi qu'aux lieux où quelque
saint personnage a prié, les pieux voyageurs
déposent chacun leur pierre, et que ces
pierres à la longue deviennent des tas
énormes : mais ici la régularité des formes
exclut l'idée d'un amoncellement sans dessein
arrêté. Ces buttes monumentales sont bien
réellement des tombeaux ; et force est d'admettre que jadis l'homme put vivre en
ce pays, puisqu'il y est mort, et en si
somptueux appareil.

Toutes les tombes à ma portée, je les visite
et n'y distingue parmi les cailloux bruts que
des vipères. Ces vilaines bêtes affectionnent
ces amas de pierres, où elles trouvent à
chaque heure du jour un revers qui regarde
le soleil. Les peaux qu'elles y ont laissées
lors de la mue sont, je crois, plus nombreuses

que les cailloux eux-mêmes; leur dépouille a l'aspect d'une belle gaze fine, blanche et chatoyante : on dirait des rubans jetés sur les tombeaux.

Cependant, les buttes restent muettes sur leurs origines : « Lakhdar, dis-je à un négro de Laghouat qui me suit, à qui les indigènes attribuent-ils ces tas de pierres? — Aux Romains. » Où ce brave homme, qui n'a jamais quitté Laghouat, va-t-il connaître les Romains? Auraient-ils laissé jusque-là des traces de leur domination? ou plutôt ne serait-ce pas un vague et lointain retentissement de la grandeur de Rome qui ferait, partout où le nom romain a pénétré, désigner de ce nom ce qui est ancien et grand?

En somme, ce pays, aujourd'hui si triste et si infécond, a nourri une race d'hommes puissante : l'aspect seul de ses rudes monuments témoigne de sa force et de sa vitalité. Était-ce la race arabe, qui à présent y végète misérable et clair-semée? était-ce la race nègre

ou quelque famille humaine aujourd'hui perdue? La question est bien du domaine du
docteur : exhumons-lui des crânes, il saura
nous en faire la généalogie. Mais les cailloux tiennent ensemble par un enchevêtre-
ment infernal; nos Arabes, qui se soucient peu
de violer des sépultures, travaillent mollement; la nuit arrive, il faut abandonner la
fouille et se retirer au camp, où l'on s'endort
aux aboiements criards d'une bande de
chacals.

# VII

## EN PLEIN DÉSERT.

Au sortir des bas-fonds où se perd le Nili, on retombe en pays de plateaux : des plateaux à perte de vue. Voilà bien le désert qui doit paraître immense, le vrai désert enfin. J'essaye de le voir grand, et j'ai beau faire, je ne puis y trouver mon compte. Avez-vous observé la pleine mer par un beau temps, alors qu'on ne découvre autour de soi qu'une nappe d'eau calme dans un ciel bleu ? Soyez franc, cette mer-là n'éveille point du tout l'impression de la grandeur. Son cercle d'horizon sec, sans brume, semble à portée de la main; on se croirait au milieu d'un tapis verdâtre proprement découpé en rond sur son pourtour : eh bien, c'est là (tout effet de vert à part) l'impression du désert lorsqu'il est plat. Et même le désert paraît moins grand encore : la mer a toujours une brume qui donne de l'indécision à ses contours, en efface les lignes, et les fond avec le bleu du ciel; ses vagues, son mouvement lui prêtent je ne sais quel charme de vie qui remplace la grandeur. — Mais ici, rien de tel : le désert est une plaine immobile et morte, limitée par un cercle d'horizon inflexible : rien n'y marque l'éloignement, rien n'accuse l'étendue. Imaginez qu'une mouche se pose au milieu d'une assiette et regarde les bords : cette mouche éprouvera juste le sentiment d'immensité qui se révèle au désert. L'homme est ainsi fait : dès qu'il découvre à nu le globe qu'il habite, il est surpris de reconnaître que ce globe a ses bornes et ne veut plus voir qu'elles; l'idée de limite le domine; le cercle d'horizon gâte tout : on est honteux de songer que la planète où l'on règne soit un si petit royaume.

Ce qui manque au désert, c'est la profondeur des lointains : on y regrette ces rideaux de collines de plus en plus pâles et transparents qui dans nos contrées s'échelonnent entre la plaine et le ciel et nous impriment un sentiment si vif de l'étendue : pas une opposition de couleurs, pas un contraste ; la teinte du sol s'obscurcit au loin par une dégradation lente et continue qui éveille l'idée du vide bien plus que celle de la grandeur : le jaune orange domine aux premiers plans, le bleu violacé vers l'horizon ; entre ces deux tons extrêmes, le passage se fait sans arrêt par nuances insensibles. Le liséré bleuâtre de nos lointains est une rareté au désert ; et, neuf fois sur dix, ce liséré d'horizon, pur effet de mirage, se détache mollement en contours indécis, comme une retouche terne et lourde sur un tableau.

L'aspect d'un même site se transforme d'ailleurs d'une heure à l'autre au gré de la lumière. A midi, tout paraît plat, les ondulations des coteaux s'évanouissent dans le jour uniforme qui les baigne; au soleil couchant, la plus légère saillie arrête et éteint les rayons rosés du soir : de là des contrastes qui se traduisent par des illusions de relief surprenantes. Nous perdons le sentiment des pentes, et le moindre pli du sol prend à nos yeux les proportions d'un abîme. Puis, quand le dernier rayon rouge a cessé d'illuminer les dernière ondes de la plaine, les saillies s'effacent une à une, et le disque du désert reparaît uniforme et plat dans le cercle d'horizon qui l'enserre.

— Ainsi, c'est entendu, le désert n'est pas grand d'aspect; mais en revanche, il est triste et mortellement triste, triste comme une nature inerte et froide où nul être animé ne peut vivre; et l'on n'imagine guère le sentiment d'isolement que produit cette entière séparation d'avec tout ce qui respire. Ces jours derniers encore, nous avions pour nous divertir le soir le miaulement de quelque hyène et les aboiements étriqués des chacals : c'étaient nos hôtes; ils suivaient le camp à distance, mais aussi fidèlement que les chiens suivent leurs maîtres; chaque nuit ils nous réjouissaient d'un concert dont nos chameaux faisaient l'accompagnement; on voyait le ciel traversé de vols de kangas, beaux oiseaux verts à gorge jaune qui frappent bruyamment l'air de leurs ailes; une outarde passait au vol en allongeant son grand cou; on apercevait une bande de gazelles : aujourd'hui, plus rien, à peine une gazelle de temps à autre; et pour la voir, il faut des yeux d'Arabe.

Des troupeaux? Depuis six jours, on n'a pas rencontré un seul mouton : la terre, stérile à force de sécheresse, se refuserait à le nourrir. Plus au sud, peut-être aurons-nous un retour à une existence meilleure? — Plus au sud, le mal ne fera qu'empirer. Jusqu'à présent on rencontrait de l'alfa; nos chevaux, nos chameaux en mangeaient à leur faim, et nous en allumions de beaux feux; ici l'alfa cesse, et il ne reste plus que le thym pour nous chauffer, rien que le thym pour nourrir nos chameaux. Et Dieu sait à quelles distances il le leur faut chercher! une plaine où croît une touffe sur trente mètres carrés s'appelle en ce pays un pâturage; un campement où nos chameaux peuvent trouver à vivre dans un rayon de cinq cents mètres, est un campement providentiel : il faut parfois aller brouter à deux ou trois kilomètres du camp, et nos chameaux acceptent cette nécessité d'un air résigné qui me touche : ils se rendent au pâturage tendant le museau vers une touffe, vers une autre, sans songer à mal, sans la moindre arrière-pensée de s'enfuir; on dirait que dans cet isolement absolu un instinct de solidarité porte tous les êtres vivants à se rapprocher de l'homme.

— Voilà le pays où nous entrons, voilà les joies innocentes que le voyage nous réserve, à nos chameaux et à nous, jusqu'à Goléah, jusqu'à Ouarglâ, jusqu'à la fin. Bien des mécomptes nous attendent encore ; et déjà comme nous sommes loin de ce beau désert dont les chants de Félicien David nous ont donné à tous une si séduisante idée ! Ce désert de mélodie, de vague et de lointains, je le cherche vainement au Sahara, et je me prends à soupçonner que ce monde de lumineuse splendeur n'exista jamais que dans les rêves d'un homme de génie. Croyez-moi, s'il vous arrive jamais de vous égarer au Sahara, tâchez d'oublier un instant l'œuvre de Félicien David, car elle vaut mieux que la réalité.

— Mais il ne faut pas dès le début désenchanter du vrai désert ceux qui se sentiraient la fantaisie de m'y suivre.

# VIII



Je me sens pris d'un scrupule. Peut-être ai-je un peu calomnié le désert, et mis au compte de sa stérilité naturelle ce qui serait le fait d'un trouble momentané dans le climat général de l'Afrique. Il y a trois ans qu'il n'a plu pour de bon, je ne puis donc me flatter de voir les pâturages du Sahara dans leur splendeur; mais je voudrais y voir, même en des jours exceptionnellement mauvais, un peu moins de misère. Les plantes sèchent faute de pluie, et les bêtes meurent. Au sortir de Laghouat, nous apercevions çà et là des agneaux tués dès leur naissance parce que l'herbe manquait pour les nourrir; les indigènes nous offraient un mouton pour quinze sous, et ici, de quelque côté qu'on se tourne, la vue tombe sur les grands os blanchis de quelque chameau qui n'a pu résister à la soif. Autrefois, nous assurent nos guides, cette contrée était un pays de cocagne : de toutes parts les indigènes apportaient aux voyageurs du lait, des brebis; aujourd'hui rien, absolument rien ne nous est offert : aujourd'hui les indigènes n'ont plus de quoi vivre eux-mêmes, et ils se détournent de nous pour échapper à l'humiliation de manquer par force aux lois de l'hospitalité.

Enfin, on distingue de loin, au-dessus d'un bouquet de caroubiers, une mince colonne de fumée qui s'élève droit comme un trait bleu dans l'air, et indique la présence d'êtres humains. Il y a cinq jours pleins que nous n'avons rencontré une figure vivante; et la première qui s'offre à nous n'est pas même celle d'un homme, c'est un de ces chiens roux à long museau qui tiennent le milieu entre le loup et le renard; un second chien survient, puis un troisième; et tout ce monde nous accueille gueule béante, nous regardant d'un air qui ne témoigne pas du moindre esprit hospitalier. Au reste, leur rôle n'est pas de faire belle mine aux passants; ces chiens-là remplissent un devoir, et je respecte l'idée du devoir sous quelque forme qu'elle se manifeste.

Trois tentes noires en poil de chameau s'étalent plutôt qu'elles ne se dressent sur la rive du bas-fond où croissent les caroubiers, et une douzaine de moutons maigres dorment dans la broussaille; ces douze squelettes, nos cinq ou six chiens hargneux, des marmots sales et deux femmes non voilées, composent toute la population du camp; les hommes sont partis chercher de l'eau à Zebbacha.

A mesure qu'on approche, les aboiements redoublent. Une femme les apaise et s'avance vers nous, la face découverte. Elle est coiffée d'un énorme turban aplati sur le front, et porte en guise de robe deux pièces de laine blanche : une sur le dos, une sur la poitrine. Les deux pièces sont attachées l'une à l'autre au-dessus des épaules par deux agrafes d'argent, et un large ruban de laine noué en manière de ceinture les empêche de flotter au vent. Pour compléter le costume, un carré de coton blanc, grand comme un drap de lit, est jeté sur le turban, pend à l'arrière et fait office de manteau. Les pièces du vêtement ne sont ni taillées ni cousues, mais telles que les a données le métier à tisser; les Orientaux aiment à se draper ainsi dans de simples carrés d'étoffe, et comme ils savent s'y draper ! Nous nous emmaillottons, eux seuls savent se vêtir. Mais revenons à notre femme arabe.

Elle a dans la démarche une dignité imposante, mais elle est malpropre et pas du tout jolie; ses traits sont épais, ses dents énormes, et sa figure hâlée a la couleur du bistre. « Nous vous voyons avec satisfaction, dit-elle; que Dieu nous donne la pluie, et notre joie sera au comble. — Avez-vous à nous vendre des moutons? » — Et comme réponse, elle nous montre ces douze carcasses qui dorment à l'ombre : « Ils sont trop maigres, continue-t-elle, il y a si longtemps qu'ils n'ont bu! — N'importe, menez au camp les moins décharnés, nous les payerons. — Ils ne sauraient marcher! » Et c'est là que les tribus en sont aujourd'hui, faute de pluie.

Pendant la conversation, deux ou trois marmots se sont approchés de nous : vêtus de petits burnous, ils ont un air vieillot qui prêterait à rire si l'on ne se sentait en face de tant de souffrances : des Arabes à échelle réduite; graves, solennels, drapés comme de vieux cadis. Nous leur donnons quelque monnaie; et la mère, en nous disant adieu, implore de notre charité une goutte d'eau.

Deux heures du soir.

Pourtant, il reste encore au désert des

moutons en état de se tenir sur leurs pattes. Nous faisons la rencontre de deux troupeaux, deux vrais troupeaux qui viennent de boire au puits de Zebbacha; les moutons marchent de front, sur une seule ligne, tout comme les chameaux d'une caravane, et le berger s'avance fièrement en tête. Nous achetons pour notre compte six moutons; nos Arabes s'associent par groupes pour faire, eux aussi, des achats. Ce ne sont que moutons à la suite de la caravane, et à peine les tentes sont dressées, qu'on voit fumer dans tous les coins du camp des marmites de couscouss. C'est à qui nous offrira de goûter le sien; et chacun espère, bien entendu, qu'un jour la politesse lui sera rendue.

# IX

## GRANDE FÊTE AU CAMP.

**24 janvier.**

Nous sommes en dette de politesse vis-à-vis de nos Arabes, nous nous acquitterons ce soir même. L'étape faite, ce jour-ci sera jour de réjouissance et de largesses : nous mangerons le couscouss avec notre jeune marabout; et, pour le gros des Arabes, nous leur ferons le cadeau de deux beaux moutons qu'ils se partageront entre eux.

**Six heures du soir.**

Le camp est installé, et tous les Arabes sont groupés autour des feux; le moment est solennel, il y a dans l'air le pressentiment de quelque grand événement. Mohammed, un des anciens de la troupe, se dresse sur une pile de bagages, et, majestueusement enveloppé dans son grand burnous noir : « Écoutez, Laghouati, s'écrie-t-il; écoutez, conducteurs de chameaux; guides, écoutez : Le Grand de l'Assemblée (c'est ainsi qu'ils expriment ma dignité de chamelier en chef de la mission), le Grand de l'Assemblée vous fait le don de deux moutons. »

Deux moutons! Un respectueux silence suit ce dernier mot de la proclamation. Mohammed reste là, silencieux lui-même. Et tous de répondre d'une voix sourde et grave : « Nous sommes vos serviteurs; — où vous irez, nous vous suivrons. — Que le ciel vous protége! » Imaginez le héraut debout, immobile, drapé comme une statue, les Arabes du camp accroupis, les yeux fixés sur Mohammed, levant les mains dans l'attitude du serment; enfin, pour servir de fond à cette scène biblique, le soleil qui se couche dans un horizon de feu : et convenez que le tableau vaut bien les deux moutons qu'il nous coûte.

Cependant notre couscouss s'apprête : ce n'est, comme chacun sait, autre chose que de la farine agglutinée en petits grains. Les Arabes achètent le blé, et à défaut d'ânes pour le moudre en couscouss, ils font tourner la meule par leurs femmes. Ces grains de farine se cuisent dans un panier d'alfa. On pose le panier en manière de couvercle sur une marmite. où l'on fait bouillir un mouton découpé en morceaux : la vapeur traverse le couscouss et l'imprègne. — A présent, que vous connaissez le fond du souper, je tiens à vous présenter notre hôte :

Si-Naïmi est la distinction en personne et la délicatesse incarnée; il est absolument bien : digne comme un patriarche, mais de cette dignité aisée et familière que donne le sentiment d'un prestige incontesté; et, en même temps, timide comme un enfant, timide jusqu'à la modestie! Jamais il ne se sépare de la masse des Arabes, jamais il ne s'y mêle absolument, et jamais vous ne le confondrez avec le vulgaire indigène auprès duquel il est assis. L'exquise élégance de sa belle figure, je ne sais quelle prévenance discrète et point gênante, une correction de tenue sans recherche, tout en lui accuse l'homme de haute naissance. Chez nous où règne l'égalité des conditions, les manières tendent à s'uniformiser, et ce grand air de bon aloi n'existe plus qu'à l'état de souvenir; il faut venir sous les tentes arabes pour retrouver vivantes ces traditions d'un autre âge.

En titre, Si-Naïmi est notre guide; sa noblesse religieuse lui eût interdit d'accepter un rôle actif dans notre caravane. Hier, par mégarde, un opérateur distrait lui donna une mire à porter : Si-Naïmi eut l'air de comprendre qu'on lui demandait un service et non qu'on lui donnait un ordre, obéit avec ce sourire fin qui n'est plus de notre temps, et fit signe au premier aide qu'il aperçut de venir le relever. En tout, Si-Naïmi montre ce tact, ce bon goût, cette finesse qui sont les traits distinctifs de tout Arabe de haute origine.

Huit heures.

On sert, comme on peut, le dîner sous la tente : des planches de caisses démolies allongent la table, et je ne sais quels chiffons à peu près blancs tiennent lieu de nappe. C'est plaisir de voir Si-Naïmi essayer en souriant et sans affectation à faire usage de nos fourchettes. J'ai soigneusement veillé à ce que ni vin ni aucun aliment défendu par le Koran ne parût sur la table ; il se montre très-sensible à cette attention. — Mais décidément les Arabes n'entendent pas la société à notre manière : le dîner se prolonge fort tard, sans que quatre mots s'échangent. Non-seulement Naïmi ne cause pas, il ne cherche pas à causer. Dîner ensemble, pour les Arabes, ce n'est pas un prétexte pour bavarder à l'aise : on dîne côte à côte, et c'est tout ; l'entretien consiste à se taire : on se tait et l'on se regarde. Tenez, je crois trouver l'expression de ce genre de plaisir dans une vieille formule de fin de lettre fort en usage chez les Arabes : « Je suis heureux, écrit-on, de jouir de la santé que tes vœux bienveillants me souhaitent : une seule chose manque à mon bonheur, c'est d'être assis à tes côtés et de contempler ton auguste figure. » — Nous contemplons mutuellement « nos augustes figures », et nous amusons peu. C'est d'une mortelle froideur. Je crains en me levant d'avoir l'air de congédier notre hôte ; lui, craint en se retirant de manquer à quelque usage européen, et je ne vois nulle raison pour que le dîner se termine. Tout à coup une idée lumineuse se fait jour : Si nous allions nous chauffer au bivouac ? Proposition admise, issue trouvée.

Vingt Arabes sont assis en rond autour d'un feu de thym. Si l'on chantait ? Les aînés du groupe rappellent respectueusement à Si-Naïmi (ce que j'ignorais moi-même) qu'il est poète : Voudrait-il dire une de ses chansons ? Nous nous associons à la demande, et Si-Naïmi se rend à nos instances avec une parfaite bonne grâce. Accroupi à terre et la tête entre ses deux mains, il entonne d'une voix claire une sorte de psalmodie d'un mouvement triste, qu'interrompent des phrases de récitatif à l'allure vive et brusque. Le sujet est une aventure galante. On parle de cheveux noirs, d'yeux de gazelle, que sais-je ? J'ai prié depuis Si-Naïmi de nous écrire le poëme : question indiscrète et que je regrette bien, car elle l'a forcé de nous laisser voir qu'il sait à peine écrire — les grands seigneurs du temps passé usaient peu d'encre.

La chanson finie, Si-Naïmi répond à nos félicitations par un second chant, puis par un troisième. La musique reste la même ; toujours la même mélopée traînante, coupée de récits précipités et interrompue de points d'orgue imprévus. Il paraît que la mélodie n'est guère liée à l'idée chez les Arabes : c'est l'éloge d'un cheval, qui a pris, sur l'air de tout à l'heure, la place de la chanson d'amour; changez le sujet, l'air reste le même. Que la pensée soit gaie, il n'importe, la mélodie qui lui sert de fond demeure étouffée et lugubre. Et peut-être y a-t-il plus de vérité qu'il ne semble à ce contraste, car, dans la vie comme dans les chants arabes, c'est toujours sur un fond de tristesse que se détache l'image de la gaieté.

Il est dix heures, la nuit est froide, et un coup de vent glacé donne le signal de la retraite. En regagnant notre abri, nous voyons à la porte d'une tente d'Arabes une flamme d'enfer qui lèche la toile, et les gens de la tente reposent tranquilles sous cette toile : elle ne brûlera que si Dieu le veut.

# X

AUX PUITS DE ZEBBACHA : UNE ALERTE.



En ce moment, si je compte bien, il s'est écoulé cinq jours depuis que nos chameaux n'ont bu, et je m'informe près de tous mes guides du temps qu'il faut marcher encore avant de trouver de l'eau : « Nous arriverons bientôt à Zebbacha. — Et quand ? — Plus nous marcherons vite, plus tôt nous arriverons. » Sauvages ! je ne sais rien d'agaçant comme ces réponses en formules qui ne répondent à rien : les Arabes ne possèdent ni la notion du temps ni celle des distances, mais comme ils ont en revanche le flair des directions ! Depuis un jour et demi ils nous conduisent sans broncher, à travers le pays le

plus plat qui soit au monde, vers des puits
dont rien n'indique la place, vers des puits
où je trébucherais faute de les voir à dix pas :
guidé par des Arabes, on ne sait ni l'heure
ni même le jour de l'arrivée, mais on est sûr
du moins de marcher droit au but. L'Arabe
est un singulier mélange de précision et d'insouciance : il apprend à reconnaître sa direction, parce qu'il en coûterait à sa paresse de
faire un pas de trop ; mais pour le temps, que
lui importe ? A ses yeux, le temps n'est rien ;
la distance est ce que Dieu l'a faite ; il arrive
quand elle est franchie : « s'il marche vite,
il est au but plus tôt. »

Une heure et demie.

Les puits de Zebbacha occupent le fond
d'une dépression naturelle d'une demi-lieue
de côté, entièrement dépourvue d'herbes.
Autrefois il y avait là tout un groupe de puits,
qui ont été comblés sans doute en vue d'arrêter quelque ennemi qui venait boire. Trois

5.

seulement demeurent ouverts : trois énormes trous béants, qui s'enfoncent à pic jusqu'à trente pieds dans un limon gypseux. Les parois sont striées, polies par le frottement des cordes ; quelques gouttes d'eau brillent au fond comme un miroir, et l'abreuvoir est une simple rigole où deux à trois cents petits oiseaux criards se blottissent au frais. Les malheureux oiseaux ont si soif, qu'ils se laissent tirer à bout portant, et ceux qui ne restent pas sur place reviennent aussitôt fouiller de leur bec le sol humide de la rigole. Ils me font peine, et j'éprouve presque de l'horreur à voir ainsi massacrer ce petit monde qui ne cherche même pas à fuir : « Mais ce ne sont que des moineaux ! » me crient mes hommes ; et ils les assassinent de plus belle, sous le seul prétexte qu'ils sont hommes et que les autres sont moineaux. — « Cela approvisionne la marmite ! » — Je le veux, mais du moins mes sympathies leur restent ; et tout à l'heure ma compassion pour les faibles va doubler encore quand le rôle du plus fort ne sera plus le nôtre, et que, par un juste retour, les tueurs de moineaux seront exposés sans défense aux loups-garous du désert.

C'est qu'en effet le puits de Zebbacha va être le lieu d'un drame, d'un vrai drame qui aura ses côtés grotesques, mais aussi ses péripéties tragiques. La scène s'ouvre, comme au théâtre, par l'arrivée d'un courrier, et tout le monde est ravi : tout le monde, sauf le « Grand de l'Assemblée » dont la figure s'allonge à l'ouverture d'une dépêche de l'autorité militaire, et s'allonge de plus en plus à chaque ligne de la dépêche. Sidi-Hamza, le chef des irréconciliables de la frontière marocaine, serait en marche avec ses Ouled-Sidi-Cheikh, qui sont des gens féroces; de tous côtés il recrute des partisans : déjà ils sont plus de deux mille, ils avancent et ne feront de nous qu'une bouchée. Gens, chameaux y passeront; c'est une déconfiture en

règle, assurée; impossible d'aller plus loin...
il faut rebrousser vers Laghouat. — Rebrousser, bon Dieu! ce que j'ai de cheveux
sur la tête se dressent comme les piquants d'un
hérisson. Déjà dans la vallée du Nili, j'avais
reçu l'avis officieux d'une menace, d'une
machination, et je m'étais jugé en état de
faire face à un coup de main : mais deux
mille Bédouins, et, paraît-il, deux mille Bédouins armés, suis-je en force pour leur tenir
tête? Tout compté, indigènes, chameliers,
gens civilisés ou se disant tels, nous ne sommes
pas soixante. Et quelles armes! Nous avons
pour toute défense huit carabines, huit fusils
de chasse qui crèveront à la troisième cartouche; et puis des armes archéologiques,
des tromblons, des canardières, toute une
ferraille comme on n'en voit que dans les
musées : je crois qu'en cherchant bien, on
trouverait des arquebuses à rouet. Je passe
en revue cet attirail d'opéra-comique, et
reviens convaincu que je n'ai pas quatre

Arabes munis d'armes en état de servir:
Celui-ci porte un mousqueton dont la crosse
cassée est cerclée de fer-blanc; cet autre, un
fusil à deux coups dont le canon de droite a
crevé à mi-hauteur. Un troisième possède
une antiquaille rouillée qui jadis était une
carabine : mais le canon a dû, pour cause
d'avarie grave, être recoupé à six pouces de
la culasse; et il ne reste plus qu'un engin
bâtard qui n'a pas plus de nom en arabe
qu'en français, quelque chose d'intermé-
diaire entre la carabine et le pistolet d'arçon.
Voilà nos armes. Et ceux qui les portent, en
suis-je sûr? Plus d'un Arabe désertera, cela
est probable; mais les Européens? Pour eux il
n'y a point de retraite, ils le savent; ils savent
ce qui les menace s'ils tombent vivants entre
les mains de l'ennemi : eux, du moins, se
feront tuer proprement! — Et puis, les hési-
tations me prennent : ces gens dont je joue
ainsi la vie, c'est au fond à une satisfaction
d'amour-propre que je les sacrifie. Je ne veux

point battre en retraite, soit : mais qu'aura-t-on gagné quand ils seront tous en morceaux comme un mouton dont on fait du couscouss ? On dira que je n'ai point reculé, et je serai « dans la gazette » : mais est-ce à eux de payer cette gloriole ? Cela donne à penser : j'y rêve toute la nuit les yeux ouverts : tandis que la caravane, ignorant le gâchis où nous sommes, ronfle à réveiller Sidi-Hamza avec tous les dissidents de la frontière marocaine.

26 janvier.

Deux bons cavaliers partent dès l'aube et vont aux informations ; ils ont ordre de pousser jusqu'au puits d'El-Menia, qui est situé à cent kilomètres vers l'ouest. Nous sommes dans un mauvais pas ; mais on ne nous reprochera point de marcher sans regarder autour de nous, comme des chevaux de trait qui ont des œillères ; nous nous éclairons, bien résolus tout au moins à ne pas nous laisser surprendre.

Cependant les chameaux boivent. C'est toujours une longue opération que d'abreuver une troupe de chameaux ; grâce à Dieu, l'opération est doublement longue lorsque les puits ne fournissent que de l'eau de suintement, qui coule goutte à goutte. Un chameau boit soixante litres ; il les avale sans se presser ; cela prend du temps. Bientôt le puits est à sec ; il faut attendre que l'eau soit revenue : autant de répit. J'en profite pour rester en place jusqu'au retour des éclaireurs et mettre le camp en état de défense, ce qui est fort utile ; mais j'en profite aussi pour jeter un coup d'œil en arrière, ce qui est au moins superflu.

Et pourquoi donc, me dis-je, pourquoi suis-je aujourd'hui dans cette impasse ? Ah ! ce qui m'arrive, je l'ai bien mérité. Avant le départ, on m'a parlé d'escorte, et j'ai trouvé de bon goût de ne pas répondre. Poser des conditions de sécurité ? fi donc ! donnez-moi des hommes de troupe tant ou si peu que vous jugerez utile. — On ne m'a rien donné du tout, je suis parti, et me voilà! j'expie ma faute.

27 janvier.

Mes chameaux achèvent de boire, l'effroi me prend : plus de prétexte, il va falloir dire la cause de l'arrêt, et qui sait la démoralisation qui s'ensuivra? Les courriers se succèdent, de plus en plus alarmants, et leur fréquence donne l'éveil aux Arabes. De mon côté, les préparatifs de défense que j'organise laissent transpirer je ne sais quelle vague inquiétude. Le matin, je fais lever mes Européens deux heures avant le jour, j'exige qu'on déjeune le fusil sur l'épaule. Pour tout le monde il est clair que le chef de la mission a perdu la tête ou qu'il dissimule un danger. Je ne sais vraiment à quel saint me vouer.

Nous remettrons-nous en marche demain? Les éclaireurs ne sont point encore de retour. Et puis, quelle témérité d'abandonner la position de Zebbacha pour s'exposer à une attaque en route! Heureusement, quelque chose d'anormal s'annonce dans le ciel : l'air est humide et lourd, le désert offre une surface grise et terne où glissent par intervalles des tourbillons de sable pareils à de petites trombes qu'un vent froid chasse lentement devant lui. Enfin un gros nuage apparaît à l'est, et tout le couchant se teint d'un rouge vif. S'il pouvait survenir une bonne pluie pour me donner prétexte à prolonger le séjour!

# XI

SÉJOUR A ZEBBACHA : ON FAIT DES VŒUX POUR LE REPOS DE NOTRE AME.

28 janvier.

La nuit entière a été une nuit d'orage avec de la pluie et du vent. La crainte de voir la tente s'envoler comme un ballon nous a obsédés sans merci. On s'éveillait en sursaut au claquement des toiles mouillées : tout le monde, sauf moi, maudissait ce temps d'enfer. Et, pour ma part, je le maudissais bien un peu : car si la pluie me fixe en une bonne position, d'un autre côté elle met de l'eau dans les puits et facilite à l'ennemi la traversée du désert.

Au surplus, me disais-je en regardant le mât de la tente qui se balance et craque, ce

Sidi-Hamza est-il terrible comme on le fait? Le désert a, pour les nouvelles comme pour les lointains, un mirage qui les grossit. On voit peut-être Sidi-Hamza par mirage? Il y a deux ans, un officier français en tournée dans le sud vint à manquer de provisions : huit jours après, le bruit courait dans le désert qu'une colonne française mourait de faim. C'est ainsi qu'en ce pays les nouvelles vont leur train; n'y aurait-il pas dans l'alerte d'hier quelque chose de la colonne mourant de faim?

Le jour venu, j'essaye pour me distraire de mettre mes notes en ordre; peine perdue, la tête est ailleurs. Je prends un livre, et puis je le jette de côté, furieux contre les autres et contre moi-même. Imaginez-vous que toutes les pages qui m'assomment sont soigneusement coupées, ont été consciencieusement lues et relues avant moi; toutes celles qui m'attachent ou m'intéressent ont été sautées comme insignifiantes et restent à couper. Est-ce le premier lecteur qui a tort?

est-ce moi? Il est bien sûr du moins que nous voyons les choses à l'opposé l'un de l'autre; lequel a raison? Cette question qui me poursuit chaque fois que je tombe sur une feuille non coupée, me rend le livre insupportable. Que devenir dans cette inaction forcée? — Que devenir? Rien n'apaise l'agitation inquiète comme la vue du calme et de la sérénité chez les autres. Je demande à mes bons chameaux ce spectacle dont j'ai tant besoin, et je déserte l'humanité pour passer une heure ou deux dans le monde où l'on rumine. Affreuse situation, d'être réduit à tuer ainsi le temps, tandis que la saison s'avance, que les chaleurs approchent, et que les vivres s'usent!

Neuf heures du soir.

Si, pour échapper à l'ennui, je me faisais traduire les lettres de recommandation des marabouts mes amis, pour leurs serviteurs du désert? Que disent-ils? en quels termes ont-ils pu expliquer à ces intelligences primitives l'objet de notre mission, leur faire concevoir l'idée du chemin de fer dont nous entreprenons l'étude? — Encore une déception! rien d'original, tout se passe en banalités assez fades : « Or, sachez-le, écrit Tedjini, qui leur fera du bien la grandeur d'un empan, m'en fera à moi la hauteur de ma taille... J'ai examiné le travail qu'ils entreprennent, et j'ai trouvé que ce travail était bon. Le salut soit avec vous. » — « Et à qui, nous interrompt Si-Naïmi présent à la lecture, à qui, s'il vous plait, s'adresse ce salut, cette recommandation de Tedjini? — A ses serviteurs du Sahara, je pense? — A ses serviteurs? mais il n'en a pas un au Sahara! » — Évidemment la jalousie de métier a sa part dans cette boutade.

Mais ce qui me frappe plus encore que les petitesses de la rivalité ou de l'ostentation, c'est l'indifférence des Arabes pour nos idées d'innovation et de progrès. Un

chemin de fer, quelle merveille ce doit
être à leurs yeux! Le désert franchi sans
chameaux, avec l'eau et le feu comme seuls
auxiliaires, quels beaux sujets à mettre
en métaphores bibliques! Eh bien, non,
tout cela ne leur dit rien : ils écrivent tant
bien que mal en lettres arabes le mot *chemin
de fer*, devine qui pourra; et puis ils se
rabattent sur des formules : « C'est pour
votre bien qu'ils vont à vous, ne les laissez
pas dans le besoin. »

Cette longue journée sombre a pourtant
une éclaircie qui l'abrége. Nous avons
recueilli des plantes, et nous questionnons
les Arabes sur leurs propriétés et leurs noms :
nous nous faisons donner par eux une leçon
de botanique. Le croiriez-vous? ces Arabes
savent par cœur toute la flore du désert.
Montrez-leur une racine informe et demandez-leur le nom de la plante, sans hésiter ils
vous le disent; montrez-leur ensuite isolée
une feuille, une graine, et demandez-leur

quelle est la plante : « C'est la sœur de cette autre », répondent-ils : et jamais ils ne se trompent. Leur œil, en fait très-exercé, saisit les analogies cent fois mieux que le nôtre. Est-ce instinct scientifique? nullement; ils ont besoin de connaître les herbes qui donnent du lait à leurs chameaux ou les guérissent : et c'est exclusivement à ce point de vue pratique qu'ils classent la flore du Sahara; la curiosité savante n'a rien à voir ici.

29 janvier.

Encore de la pluie et un courrier! Je reçois mon courrier chaque jour comme un rentier reçoit chaque matin son journal : et le courrier ne dit rien de bon; on s'ennuie! Si du moins on avait une belle pluie d'orage agrémentée de tonnerre et telle que devrait être la pluie au désert! Mais non : une pluie bête, lourde, qui tombe par grosses gouttes d'un ciel gris, qui fait ouvrir çà et là quelques roses de Jéricho rabougries, et tend nos toiles de tentes comme des peaux de tambours. Un vent d'est impitoyable vous glace; on a les pieds gelés, la figure coupée par la bise; c'est plus triste que nos plus tristes pluies d'hiver. Le vent et la pluie éteignent les feux, nul moyen de se réchauffer, impossible de faire la soupe; et les Arabes, qui depuis hier n'ont plus de galette cuite, se plaignent de la faim; les nouvelles se succèdent de plus en plus alarmantes : faut-il encore que le temps se mette de la partie et achève de tourner les idées au noir?

Joignez à cela que l'inquiétude est dans l'air. Nos Laghouati, qui travaillent à un sondage, accourent au camp à toutes jambes parce qu'ils ont aperçu quelque chose au loin « et qu'ils ont peur ». Voici même un de nos chameliers qui se met en tête de déserter! — Ah! cette fois, c'est le cas de faire un exemple. Je donne l'ordre de lui mettre des entraves comme à un cheval qui veut fuir : et puis déserte, mon ami! A dater de ce jour, nul Arabe n'a marché plus droit. De tels exemples sont malheureusement utiles de temps à autre avec ces gens-là : ils ne comprennent que la force. Câlins et doucereux tant qu'ils se sentent dominés, ils relèvent à l'occasion la tête, et il la leur faut rabaisser sur-le-champ, ou l'on est perdu. Une bonne punition, et ils redeviendront plus câlins : meilleurs? j'en doute fort, mais soyez-en sûr, ils vont pour quelque temps vous respecter et vous obéir. Ne craignez pas d'ailleurs que les sympathies des autres Arabes se manifestent en faveur du coupable puni : non, tous applaudiront à la mesure. L'Arabe n'examinera même pas si la mesure est juste, il se range par instinct du côté où il sent la force : cela n'est ni généreux ni digne, mais c'est arabe. Montrez-vous fort, et vous aurez pour vous tout le monde en ce pays; mais continuez d'être fort, ou gare les défections!



6

31 janvier.

La pluie a cessé, le soleil est superbe et la terre presque sèche : plus d'excuse, plus de prétexte pour demeurer en place. Les éclaireurs sont revenus d'El-Menia et n'ont pas été mangés. Quel parti adopter? rester encore en attendant un secours militaire qui peut-être n'arrivera pas? Je reprends un à un mes arguments pour ou contre la marche en avant; enfin, arrive ce qui pourra, je me décide à marcher. Pourquoi? peut-être parce que le soleil luit, parce que le temps est beau, que sais-je? Sait-on jamais pourquoi on se décide? on prend une résolution, et l'on en cherche après coup les raisons. Bref, ma résolution est de passer outre : dans une heure nous serons en route; et les bonnes gens, en apprenant de loin cette folie, feront des vœux pour le repos de nos âmes.

# XII

## COMMENT ON SE REMET EN MARCHE.

30 janvier.

Nous partons; mais avant de nous remettre en route, il n'est recommandation prudente que je ne fasse. Jusqu'à présent nos éclaireurs chassaient beaucoup et n'éclairaient guère; ils éclaireront et ne chasseront plus. Mais, viennent-ils me dire, cela vous faisait manger des gazelles. — Nous ne mangerons plus de gazelles, mes bons amis, et vous ferez votre métier. Jusqu'ici l'on s'éparpillait dans la plaine, chacun de son côté, pour voir, pour observer, pour flâner au besoin; on se débarrassait de son revolver ou de son fusil lorsqu'on le trouvait trop lourd : désormais nous cheminerons groupés, massés, sans plus quitter la caravane; et cela me donne pour la première fois l'occasion de la voir de près.

C'est plaisir, sur le sol adouci par la rosée du matin, de marcher derrière les chameaux comme un bouvier qui suit ses vaches : on regarde sans penser à rien ces grandes jambes sèches s'avancer tour à tour, lentement l'une devant l'autre. De temps en temps on aperçoit au bout de ces grandes jambes un long cou maigre qui s'allonge négligemment vers la terre, et une mâchoire qui s'ouvre; et puis le cou se relève, et la mâchoire broie avec d'affreuses grimaces trois ou quatre feuilles enlevées à quelque jeune pousse de thym. C'est calme et stupide au delà de ce qu'on peut croire. Le seul incident, c'est un chameau qui jette au loin sa charge, et ce chameau est toujours celui qui porte la vaisselle. Quoi qu'on fasse, il y a dans la batterie de cuisine un cliquetis de ferblanterie inquiétant. On choisit pour la porter une des plus vieilles chamelles, une des plus rangées, et la vénérable bête elle-même y perd sa vieille cervelle; elle s'affole, galope, cabriole comme si elle avait tous les diables dans la bosse. Si du moins elle prenait le large, ce serait demi-mal; mais non, un chameau qui a peur ne s'enfuit jamais vers la plaine : régulièrement il se précipite dans le tas des chameaux paisibles, heurte l'un, bouscule l'autre : on hurle, on grogne, on se rue par côté, les caisses roulent : une omelette générale de tout le chargement, un pêle-mêle dont rien ne peut donner l'idée. Le chameau, comme tous les peureux, n'imagine qu'un moyen de s'étourdir et de se croire brave, c'est de faire du bruit.

Cette humeur ombrageuse des chameaux m'interdit de leur confier nos chronomètres, dont ils se déchargeraient, je gage, comme d'une caisse de gamelles, et qu'ils secoueraient sans pitié. Je n'ose même m'en fier aux chevaux, dont les allures sont trop saccadées et d'une brusquerie trop peu astronomique :

nos trois chronomètres (il y en a trois) sont portés à bras d'hommes comme l'arche sainte au milieu des Hébreux; on dirait — et l'on ne se tromperait qu'à demi — des objets de notre culte environnés d'une superstitieuse vénération.

A l'arrière-garde se traînent, fermant la marche, trois ou quatre moutons étiques que nous appelons le troupeau, et qui trottinent tout rêveurs.

La caravane ne s'arrête qu'au milieu de la journée, à l'heure du repas; et l'Arabe, qui d'habitude fait maigre chère, dort au lieu de dîner: dormir est son bonheur. Survient-il un arrêt momentané, ne fût-il que d'une minute, vite chacun se roule dans son burnous et se blottit à terre : le sol est jonché de paquets de laine sale affectant vaguement des formes humaines. Au moindre signal, chacun interrompt son somme, sort la tête du paquet, bâille et repart. Et, quand vient l'heure de la prière, vous voyez çà et là un pieux musulman qui s'isole à la suite de la caravane, se tourne vers la Mecque, et puis rejoint le groupe.

Au camp.

Une trouvaille : une pointe de flèche en silex taillé! Une pointe, puis une autre, et puis les éclats de taille du silex, l'emplacement d'un atelier préhistorique! Tout le monde cherche, tout le monde trouve : les imaginations sont en campagne. Mais au désert comme ailleurs on ne peut rêver tranquille un instant.

Le transport des chronomètres va mal, tout le monde veut s'en affranchir, et il faut aviser. Je fais appel au bon vouloir des indigènes en promettant pour ceux qui s'offriront un supplément de solde : personne ne se présente. Je fais savoir que chaque jour on désignera pour ce service et sans rétribution quatre hommes de corvée pris au sort : et tout le monde est content. L'Arabe veut être commandé.

31 janvier.

Pendant la nuit, un chameau rendit l'âme. « Il a mauvaise mine, avais-je dit la veille à son maître. — Il mourra. » Et le maître s'était endormi sur cette réponse, convaincu que tout était écrit. « Mais il faut l'écorcher et faire avec la peau du cuir pour vos chaussures : vous en avez besoin, Dieu merci ! — Oui nous en avons besoin, mais la bête est crevée, elle n'a pas été tuée. » — Et voilà des gens qui vont pieds nus sur un sol de cailloux, plutôt que de se tailler des semelles dans le cuir d'une bête qui n'a pas été tuée selon les règles canoniques ! Ces règles, je m'en informe auprès de mon bonhomme d'Omar, qui n'est pas un fanatique : « Omar, lui dis-je, quel est donc le rite si saint auquel on a manqué ? — Oh ! réplique-t-il, bien peu de chose : il faut, lorsque la bête vit encore, lui tourner la tête vers la Mecque et dire en l'égorgeant : « Au

« nom du Père, du Fils et du Saint-Esprit. »
— Et comment cela s'exprime-t-il en arabe?»
La formule arabe qu'il me cite veut dire :
« Dieu est puissant. » Omar, pour se mettre
à ma portée, me faisait une traduction libre.
« Dieu est puissant », cette invocation du
sacrifice m'a frappé. C'est bien le cri de
l'homme que consterne cette triste et cruelle
nécessité de vivre de la mort d'autres
êtres qui respirent. Triste nécessité, mais
Allah qui l'a faite est grand : cette formule
me paraît vraiment belle.

Et cependant les animaux dont on respecte
ainsi la vie, on les torture parfois sans pitié,
témoin les malheureux chevaux de ce pays :
on leur met la bouche en sang sous l'étreinte
d'un mors imaginé dans je ne sais quel
coin de l'enfer; on leur laboure les flancs :
leur vie est une vie de cheval; mais l'humanité est ainsi faite, sans cesse en contra-
diction avec elle-même.

Cinq heures du soir.

Nous dressons le camp à la hauteur de Ghardaïa : demain matin j'enverrai en ravitaillement un petit convoi vers le Mzâb.

Le Mzâb est une terre de bénédiction où il y a des jardins, où il pousse des oignons; et chaque Arabe reçoit un à-compte pour se faire acheter au Mzâb ce dont il a besoin : des dattes, des oignons pour vivre, du cuir pour se chausser. Pur acquit de conscience; voici dès aujourd'hui, en manière de prophétie, ce qui adviendra de notre petit convoi :

Parmi les Arabes, pas un ne fera le moindre achat sérieux, chacun pensant que plus tard, s'il manque de tout, on lui fera la charité de quelque chose. Et nous, nous serons volés, mais volés dans toutes les règles. Entendons-nous : on ne prendra pas notre argent dans nos poches, mais on détournera sans scrupule la moitié de l'argent que nous aurons confié. Cela s'appelle chez nous un abus de confiance, et c'est grave : chez les Arabes, c'est simplement garder moitié de ce qu'on tient lorsqu'on eût pu garder tout sans rien rendre. A chaque pays sa morale, et le mot vol n'a pas du tout le même sens d'une langue à l'autre. Néanmoins, comme en aucun pays on ne peut retenir plus que l'on n'a reçu, nous donnerons peu d'argent aux Arabes du convoi, et ce peu d'argent vaudra mieux, je vous jure, que ce qu'ils vont rapporter en soi-disant échange.

# XIII

## AIN-MASSIN ET LES CHAMBA.

Depuis Laghouat, nous avons marché sous la conduite de cavaliers recrutés dans la tribu des Larbâ, et qui, dans toute l'étendue de leurs terres de parcours, ont été pour nous des guides admirables. Mais nos Larbâ touchent à la limite de leur domaine, et leur direction devient indécise, hésitante autant qu'elle a été sûre et ferme. On sent en eux des gens désorientés, presque affolés, et eux-mêmes ne dissimulent pas l'inquiétude qu'ils ressentent : ils n'osent plus s'écarter de la caravane pour nous éclairer; déjà je les aurais renvoyés dans leur tribu, si un contrat ne me liait à eux jusqu'à Massin. Tel est l'Arabe du sud : intrépide sur son terrain, pitoya-

ble partout ailleurs. Tant que son pied s'ap-
puie sur un sol qu'il connaît, sa résolution
et son audace n'ont point de bornes : faites-
le sortir du pays où il a promené ses troupeaux depuis sa naissance, il devient tout à
coup peureux comme un enfant. Et je con-
çois ce tempérament chez les hommes du
désert : les solitudes du Sahara recèlent tant
d'imprévu, qu'il faut les avoir vingt fois
sondées dans tous les sens pour s'y trouver
à moitié en sûreté.

1<sup>er</sup> février.

Ce matin, les seuls incidents sont la rencontre de trois jujubiers et celle d'un tombeau : trois jujubiers dans une étape, cela
s'appelle au désert une contrée boisée.

Quant au tombeau, il est d'une forme bien
singulière. C'est une butte à contours régu-
liers, orientée vers le sud-est et présentant,
à son extrémité tournée vers la Mecque, un
dessin symbolique : de grandes dalles plan-

7

tées en terre figurent un demi-cercle dont le centre est marqué par un tas de pierres ; le tout rappelle assez bien l'emblème turc : un croissant avec l'étoile au milieu. Ce tombeau a l'air fort vieux, et il paraît que, dans les usages actuels de la contrée, rien ne répond à ce mode de sépulture. Le temps et la sécurité nous manquent pour entreprendre une fouille : nous nous contentons d'un croquis, et poursuivons notre route vers la fontaine de Massin, où des guides chambâ nous attendent.

La fontaine de Massin n'est pas un puits, mais une source ; et, dans un pays où l'on est habitué à ne voir l'eau qu'en petites flaques au fond d'un trou de trente pieds, une vraie source où l'eau coule est la merveille des merveilles.

Vers midi, l'approche de la merveille s'annonce par un brusque changement dans l'aspect du désert. Le sol, tout à l'heure si plat, se ride en ondulations désordonnées. L'argile affleure par intervalles et mêle sa teinte ardoisée aux tons jaunes du sol. Puis brusquement une grande vallée se dévoile comme une apparition inattendue. Les rives sont à pic, et trois points verts, trois palmiers au pied de la falaise, marquent au loin le site privilégié où l'eau coule. Ce sont les seuls palmiers que j'aie vus depuis Laghouat; ce seront les seuls jusqu'à Goléah. Mais quel pas à franchir pour les atteindre! un chat réfléchirait à deux fois avant de grimper le flanc de la vallée, et il faut que mes chameaux le descendent : leur pied glisse, les cailloux roulent, la charge oscille; à chaque instant je crois les voir tomber sur les rochers rougeâtres qui tendent vers nous leurs pics comme de grandes dents. Pourtant tout le monde passe, on arrive à la source, et l'on y trouve, pour se remettre de ses peines, une eau plus salée que la mer.

Du moins le site nous console. Rien n'est

frais et joli comme cette source de Massin. Elle suinte goutte à goutte au pied de la falaise et s'étale en petites nappes sur des bancs de rocher que la nature a creusés comme des vasques; sa surface argentée et légèrement mobile semble s'animer au moindre souffle, et les palmiers qui s'y mirent la colorent de leurs beaux reflets verts.

Poser le camp en pareil lieu est une idée bien séduisante : malheureusement les rochers nous dominent de toutes parts; quatre Arabes qui s'aviseraient de se poster sur les hauteurs nous canarderaient sans risque et nous mettraient tous en déroute : ce n'est qu'à trois kilomètres des sources que la plaine nous offre un campement à peu près sûr.

A mesure qu'on avance, la vallée s'ouvre et s'étale, de plus en plus imposante d'ampleur et de beauté sauvage. Le fond en est uni, sans autre végétation qu'une ligne sinueuse de genêts dans un lit de ruisseau à sec; en guise de coteaux, on ne voit que des murailles de roc aussi abruptes quo la descente même des sources : des falaises déchirées, découpées en tous sens, des rochers aux tons de liége effrités et pourris qui se fendent et s'écroulent; des ravins, des crevasses, des aiguilles à formes étranges, des massifs isolés qui restent comme des témoins au milieu de terres corrodées; un chaos, avec une lumière chaude qui joue, détache les promontoires, étage les plans et crée des lointains.

Des lointains! enfin voilà des lointains; ah! comme ils me manquaient ces jours passés! Aujourd'hui du moins, par delà les falaises, je puis imaginer une mystérieuse immensité demi-voilée et que dérobent les limites de la vallée; mais sur les plateaux, rien! point d'illusion possible : franchement, en pays de vallées on se sent plus au large.

Deux heures.

En sondant de l'œil ces plaines arides, mais si belles, je distingue au loin un groupe d'Arabes montés sur des chameaux de course, qui marchent fièrement vers nous. L'allure de cette troupe est d'une gravité solennelle, en parfaite harmonie avec le cadre qui l'entoure. Tous les chameaux s'avancent de front, rangés sur une seule ligne ; chaque homme tient son long fusil debout, la crosse appuyée sur la cuisse, et les burnous blancs flottent au vent.

Ces hommes sont les Chambâ qui viennent relever les éclaireurs larbâ et nous servir de guides.

Si-Naïmi et deux des siens, montés à dos de chameau, devancent la caravane. A sa vue, les Chambâ, tous ses serviteurs religieux, mettent pied à terre. Les trois chameaux de Si-Naïmi s'agenouillent à leur tour d'un commun et brusque mouvement ; et le jeune marabout descend avec une désinvolture imposante pour recevoir l'hommage : il le reçoit avec une dignité qui m'étonne. Quel air de grandeur aisée a ce

jeune homme! comme on sent en lui la supériorité du rang, quoique rien dans ses
manières ne paraisse calculé soit pour la
faire valoir, soit pour l'effacer!

Viennent ensuite les présentations.

Les Chambâ appartiennent à trois fractions
distinctes de la tribu : les uns sont de Metlili,
d'autres de Ouarglâ, d'autres enfin viennent
de Goléah. Si-Naïmi nous présente séparément
chaque groupe. Ces braves gens s'avancent
vers moi tour à tour, les aînés les premiers;
ils s'inclinent, me tendent la main et la portent à leurs lèvres. Peu de protestations, mais
leur attitude résolue dit plus que leurs paroles.

A les voir défiler, il me semble saisir dans
ces trois catégories de Chambâ trois physio-
nomies bien accentuées, nettement distinctes :

Les Chambâ de Goléah ont des airs sauvages : leur mine est sombre, morne; leur
regard fixe et effaré rappelle celui des fauves;
leurs yeux brillent sans expression, comme
ceux d'une panthère en cage. Leur figure a

la nuance et les reflets d'un masque de cuivre rouge que la fumée aurait terni. Un voile semblable à celui des Touareg, mais fait de gaze blanche, cache le bas de leur visage.

Les Chambâ de Ouarglâ ont des airs plus humains, un peu trop insignifiants à mon gré; le type arabe, chez eux, me paraît moins pur et l'intelligence plus obtuse. Le chef qui les commande a l'air idiot; il est de grande famille, cela suffit.

Quant aux Chambâ de Metlili, ils réalisent pour moi l'idéal de l'Arabe : grands, à figure austère et sans rudesse; des hommes dont la contenance fière vous inspire un involontaire respect.

Joignez à ces mérites extérieurs beaucoup de politesse, un esprit fin, délicat, quelquefois même fleuri : « Nous serons les plumes de vos ailes », me dit en manière de profession de foi un de ces Chambâ de Metlili, un pèlerin de la Mecque qui a nom l'Hadj-Kaddour. L'Hadj-Kaddour, avec une bonne grâce parfaite, nous offre un beau régime de dattes et « des enfants de poules » (ainsi appelle-t-on les œufs en ce pays). C'est un homme charmant, et son nom reviendra plus d'une fois dans ces récits.

Une impression générale ressort pour moi de cette réception : les Arabes ont d'autant meilleure tenue qu'ils vivent loin des villes et surtout loin de nous. La vie des villes les énerve, notre contact les gâte. Les Laghouati sont presque tous fripons, et sales à faire peur. Les Larbâ, un peu plus éloignés de nous et élevés sous la tente, se tiennent mieux. Quant aux Chambâ, surtout ceux qui viennent de plus loin, ceux de Goléah sont d'une correction de tenue, d'une propreté irréprochable; la blancheur de leurs burnous contraste étrangement avec le gris inqualifiable de tout le costume de nos Laghouati. Énergie, force, propreté et le reste, tout se perd dans les villes. Le vrai Arabe est celui du désert.

7.

Six heures du soir.

Les tentes se dressent. Je laisse mes Chambâ disposer leur campement à leur guise : il ne faut pas trop intervenir dans ces questions d'aménagement; et la manière dont ils s'installent me paraît une révélation :

Ces Chambâ, qui nous ont été présentés en trois groupes, font trois campements distincts les uns des autres, et, à plus forte raison, distincts de celui des anciens guides et des chameliers larbâ : plus de cent mètres séparent les tentes des deux tribus.

Voilà donc, pour une seule caravane, quatre campements, sans compter le nôtre. Au fond, ce sont quatre postes avancés, quatre grand'gardes qui s'organisent d'elles-mêmes, et j'en suis ravi; mais au point de vue du caractère arabe, cette division est significative. Jamais dans une même tribu l'entente parfaite ne régnera entre deux familles; d'une tribu à l'autre, toujours

cent mètres au moins sépareront les tentes.
— Ce soir, le tour de faction est encore aux
Larbâ, et M. Massoutier, dans sa ronde, en
surprend un qui monte sa garde le dos tourné
vers la plaine : « Que fais-tu là, et comment
dans cette posture apercevras-tu l'ennemi?
— L'ennemi, réplique-t-il en regardant fixement les tentes des Chambâ, l'ennemi? j'ai
peur qu'il ne soit dans le camp bien plus
que dans la plaine. »

# XIV

SECONDE JOURNÉE A MASSIN.
LÉGENDE DE SIDI-MENNA.

2 février.

Ce matin, nos cavaliers larbâ, cédant la place aux nouveaux guides chambâ, viennent prendre congé de nous : « Rien, disent-ils, ne nous a manqué, et en vous quittant nous serions aises de vous offrir le spectacle d'une fantasia. » Nous offrir? le fond de leur pensée est qu'ils veulent éclabousser par le spectacle d'une fantaisie à cheval ces malheureux Chambâ, qui n'ont que des chameaux pour montures. Et aussitôt la poussière vole, on galope par groupes de deux, bras dessus, bras dessous, on lance les armes en l'air, on brûle de la poudre ; cela fait du tapage : les Chambâ sont humiliés.

Si-Naïmi, qui est du parti des Chambâ, veut relever l'honneur de la tribu : il me demande un cheval, caracole à son tour, et voilà cette fois les Larbâ humiliés. C'est là en petit toute l'histoire des tribus d'Afrique : on appartient à la coterie des Chambâ, ou bien à celle des Larbâ, et l'on se jette mutuellement de la poussière.

Après la course, les Larbâ se retirent. Nous les suivons de l'œil. Ils s'engagent dans les ravins de Massin : nous distinguons à travers les dents de rochers de la falaise leurs petits chevaux qui grimpent; puis, tout disparaît, et désormais nous ne verrons plus au désert d'autres chevaux que les nôtres. Je me trompe, car bientôt la cavalerie des Chambâ de Goléah viendra vers nous pour nous faire honneur; la tribu est de deux mille hommes, et leur cavalerie compte — devinez — deux chevaux : et quels chevaux!

C'est qu'au désert le cheval n'est point du

tout la monture ordinaire, mais une monture de luxe tout à fait exceptionnelle; et
pour voir l'Arabe sur son inévitable cheval,
il faut s'arrêter au Tell ou même aux illus-
trations de romans. Au désert, le cheval
n'existe que d'une vie factice; il lui faut de
l'eau : il en veut quinze litres par jour; il lui
faut de l'orge, que sais-je encore? et le désert ne fournit guère plus d'orge que d'eau.
Le chameau, voilà la véritable bête du
Sahara. Vive le chameau, qui n'a besoin ni
d'eau ni d'orge et s'alimente aux touffes
d'herbe que le hasard jette sur son passage!
Arrive-t-il au puits, il avale ses soixante
litres et les rumine huit jours durant, souffre
la soif, et porte l'eau pour les autres.

Ne pas boire et porter l'eau pour autrui!
En vérité, cela me paraît de tous les sup-
plices le plus intolérable : les anciens, qui
ont placé dans leur enfer la torture de la
soif, n'imaginèrent jamais un tel raffinement.
Supporter un pareil régime est beau, mais

s'y résigner est surhumain, et c'est le fait des chameaux. Concevez-vous qu'on soit chameau sans se sentir un bienfaiteur méconnu, supérieur à sa fortune et justement indigné de l'inégalité des conditions? C'est à cette école que se forment les mécontents. Eh bien, non, le chameau accomplit sans aigreur, sans amertume, cet effort d'abnégation ; cet idéal de sagesse et d'énergie morale, il le réalise dans toute la simplicité de son âme ; un peu de tristesse s'empreint dans ses grands yeux, et c'est tout. Admirable bête !

Le chameau, ce n'est pas seulement la bête patiente et douce, c'est la créature perfectible, que l'entraînement transforme et rend méconnaissable. Prenez-le tout jeune, donnez-lui de l'orge, exercez-le à la course, et vous en ferez le mehari, c'est-à-dire le marcheur infatigable qui chemine nuit et jour sans arrêt, parcourt sans boire vingt-quatre lieues en moins de vingt-quatre heures, recommence le lendemain, et recommence encore. Une telle métamorphose est en vérité le triomphe de l'éducation.

Tout en rêvant aux chameaux, à leurs services, à leur avenir, je m'achemine sur leurs traces vers la fontaine avec le vif désir de fixer par un croquis colorié le souvenir de ce site étrange. Malédiction ! Au lieu d'une boîte d'aquarelle, je trouve quoi? une boîte de couleurs à dessiner la topographie : des couleurs ternes, fausses, qui ont nom « prés humides, étangs, terres labourées ». Point d'aquarelle possible. Mais cette seconde visite n'est pas perdue, car elle sert à rectifier ce qu'il y avait d'excessif dans les impressions d'hier. Un premier mouvement est toujours trop généreux, une première impression est toujours trop vive. J'ai passé un jour à peine dans ce pays, et déjà ses bizarreries ne me frappent plus. Déjà les accidents du sol me paraissent moins fantastiques : un jour encore, et je me sentirai à peine dépaysé.

Et cette première exagération, je la retrouve jusque dans mon jugement sur les Chambâ. Est-ce qu'ils s'habituent à moi? est-ce que je m'accoutume à leur air? aujourd'hui ils me semblent moins farouches. Encore un peu, je les prendrai pour des Arabes de bal costumé.

Deux heures.

Je rentre au camp, et MM. Barois et Weisgerber m'annoncent une nouvelle trouvaille archéologique : une forteresse en plein désert!

— Voyez-vous, me disent-ils, sur cette rive de la vallée, un promontoire où se dressent quatre amas de pierres? C'est un camp, nous venons de le reconnaître; il a sa légende, et il dit lui-même son histoire.

Ce promontoire est limité de tous côtés par des escarpements à pic, et un isthme étroit le relie aux plateaux. Les indigènes s'en sont fait autrefois un refuge et l'ont fortifié : les traces de leur travail sont évidentes. Un rempart crénelé en pierres sèches avec des dalles plantées sur sa crête en manière de merlons, barre l'isthme; et une descente, que des murs crénelés rendent impraticable à l'ennemi, met le promontoire en communication avec la plaine basse.

Tout le système de défense se lit à première vue dans la ruine; deux détails seulement restent mystérieux. Pourquoi, à l'extrémité du promontoire, ces quatre tas de pierres qui s'aperçoivent de la plaine? Pourquoi, au pied du promontoire, un croissant de pierres levées? — Là-dessus, nous consultons nos Chambâ, qui nous content une de ces légendes dont l'intérêt ne consiste point à être originales, mais à se retrouver partout. Ici, le héros s'appelle Sidi-Mennâ, et Si-Naïmi le revendique au nombre de ses ancêtres; la légende, la voici :

Sidi-Mennâ, un très-grand marabout, fut réduit un jour à fuir devant les tribus des plateaux. Son cheval le conduisit jusqu'à l'extrémité du promontoire; et là, plûtôt que de laisser un saint tomber aux mains des ennemis, il se lança d'un bond vers la plaine (la falaise a plus de deux cents pieds). Ce qui advint du cavalier et du cheval, on l'ignore. Les uns disent que tous les deux furent sauvés; d'autres prétendent que le sol s'ouvrit, et qu'on ne retrouva sur la terre que le pan d'un burnous. Le croissant de pierres levées consacre le lieu de la chute; les quatre amas de pierres du promontoire marquent la place où le cheval posait les pieds quand il s'élança vers la plaine; et je vous jure que le cheval était de taille ! — Ceci nous est débité avec le plus grand sérieux du monde. Pour les Arabes, tous les hommes illustres sont des colosses; les Arabes de Syrie m'ont montré jadis le tombeau de Noé : c'était un prophète à l'échelle de Sidi-Mennâ et de sa monture. De nos jours, les Arabes se font enterrer au lieu même où le marabout a disparu; et lorsqu'une tribu campe aux abords de la forteresse, elle égorge un mouton en l'honneur du saint et dresse une pierre en souvenir du sacrifice. Vous vous demandez ce que deviennent les restes de la victime? On les rôtit, et on les mange.

3 février.

Le soleil s'est couché rouge dans un gros nuage pourpre; toute la nuit il a plu, et nous avons craint pour la journée.

Heureusement ce n'était qu'une menace; l'aube est superbe. Les collines du levant se dessinent en gris sur un nuage de feu. Du côté du couchant, un bel arc-en-ciel cerne de couleurs claires et transparentes un demi-disque de brume bleuâtre où nagent de légères vapeurs pareilles à des flocons rosés. Le soleil, qui n'apparaît pas encore, laisse dans l'ombre le pied des falaises et baigne les crêtes d'une belle couleur orange qui glisse peu à peu jusqu'à leurs pieds : la vallée entière s'illumine, et l'arc-en-ciel s'efface.

# XV



4 février.

La course à Massin n'était qu'un détour
commandé par la soif, qu'en la personne de
nos chameaux nous commencions à ressentir très-vive. Nous sortons de la vallée au
plus vite pour remonter sur les plateaux.

En avant-garde, un groupe de Chambâ
conduits par Si-Naïmi marchent à deux kilomètres de la caravane et indiquent le chemin : leurs chameaux, vus en croupe, se dessinent sur le ciel comme de grandes taches
noires allongées, et semblent des jalons
mobiles sur le sol nu du désert. La marche
est régulière, l'ordre parfait. Ces Chambâ,
que le contact de la civilisation n'a point

encore gâtés, conservent dans leurs allures
je ne sais quel charme de naïveté pastorale
qui eût fait pâmer d'aise les faiseurs d'idylles
du dernier siècle. Tout en ouvrant la route,
ils jouent de la flûte sur un rhythme uniforme qui rappelle le balancement mono-
tone de leurs montures :] le chant, composé
de deux notes, ondule par saccades, se
répète et se répète encore, puis s'arrête
court et demeure suspendu. Rien ici ne rappelle l'idée que nous nous faisons d'une
mélodie; et au premier abord nous sommes
tentés de traiter de sauvage l'Arabe qui
redit un pareil air et s'en grise : ce serait à
tort. Cet Arabe est un homme en qui s'est
incarnée l'éternelle monotonie du désert;
un homme dont l'organisme entier s'est mis
à l'unisson de ces horizons vides, et chez
qui la naïveté même du sens mélodique
témoigne d'une simplicité de sentiments et
d'idées qui respire la droiture et commande
la confiance.

Jamais confiance ne fut mieux placée.
Nos guides savent leur désert comme s'ils
l'avaient inventé, et leur connaissance des
lieux nous permet d'explorer le pays bien
au delà des limites où notre vue s'arrête.
Ils sont gens à nous dire à qui appartient un
chameau qu'on voit paître à l'horizon. Ici,
parmi les ondulations bleuâtres du lointain,
ils nous forcent à distinguer le Mzâb; et,
vers notre droite, ils nous font deviner des
escarpements gigantesques, puis des plaines
sans limites auxquelles ils attachent le nom
de l'El-Louà. L'El-Louà, ses falaises, ses
plateaux, tout cela nous attire fort : un petit
groupe se détache pour le reconnaître; je suis,
hélas! astreint à demeurer avec la caravane,
et je vois partir le petit groupe sans en être.

Six heures du soir.

Retour du petit détachement. Tout ce que
nos Chambâ nous ont dit était vrai : les
camarades ont vu les grandes falaises, qu'un

ciel d'orage teignait de reflets violets, et par delà les rochers, ils ont salué un désert de sable, un désert de dunes, presque un désert d'opéra!

Mais par bonheur ils sont rentrés à temps. L'air devient étouffant. De temps à autre, la brise fait tournoyer sur la plaine un léger tourbillon de sable qui glisse comme un diminutif de trombe. Puis le gros nuage crève en trois ou quatre points, et se résout en larges gouttes d'une pluie battante accompagnée de grêlons. Nous n'y perdons pas tout : nos Arabes vont recueillir dans un bas-fond glaiseux de l'eau du ciel « bonne comme du lait » et à peu près de même nuance. Ils s'écrient que nous amenons la bénédiction avec nous, remercient Allah, et passent la nuit dans la boue en jouant de la flûte.

Quelle différence entre ces Arabes et nos Européens mouillés! Tandis que les Arabes se sèchent et rendent grâce à Dieu de la pluie, chez les Européens la mauvaise humeur est

au comble : on crie, on se dispute ; la tente
des aides européens est un enfer, et la seule
cause de tout cela est qu'il a plu, et qu'on a
les pieds dans l'eau! Nos Européens sont
d'excellentes gens, plusieurs sont des modèles
de dévouement; et même il en est deux qui
n'appartiennent guère à notre siècle : deux
braves ouvriers qui se sont enrôlés parmi nous
rien que pour voir le pays! L'Arabe n'a point
de ces aspirations désintéressées, mais en
moyenne il est plus docile, plus discipliné,
surtout plus patient, moins ombrageux,
moins querelleur. Les querelles entre Français me désespèrent. J'en viens à bout;
mais que de ménagements il faut pour faire
vivre côte à côte, manger ensemble, dormir
sous la même tente, des gens disposés dès
qu'il pleut à se prendre mutuellement en
grippe! Si je les calme aujourd'hui, arri-
verai-je demain encore à les calmer? Combien durera l'ascendant moral qui est ma
seule force au milieu de cette troupe impro-

visée? Et n'est-ce pas trop présumer de l'espèce humaine, que de la croire possible à mener sans gendarmes, par la seule force de la persuasion? C'est là que j'en suis pourtant, seul avec mes exhortations pour tout moyen d'action, et le désert autour de moi. Cela donne à réfléchir; mais tant mieux! la réflexion aide à passer les nuits d'orage.

5 février.

Le temps est remis, et nous poursuivons la route, toujours en vue des coteaux du Mzâb. Par un effet de mirage, leurs cimes bleues semblent isolées dans l'espace et planer en tremblotant au-dessus de l'horizon. Puis la végétation cesse tout à fait, mais tout à fait : c'est triste! il semble que le silence du désert devienne plus solennel et plus écrasant. Pas un être animé sur le sol, pas un reptile, pas un coléoptère à nos pieds, pas un oiseau dans l'air; pas un cri, pas un bourdonnement: un ciel vide, un sol

nu. Par bonheur, l'eau va nous consoler de
tout cela : voici les puits ! Nous ne pensions
les atteindre qu'après deux jours, trois jours
peut-être, et nous y sommes. Personne ne se
plaint de la surprise, mais elle témoigne
une fois de plus de l'inaptitude des Arabes
à concevoir une notion précise du temps. Il
n'y a point de place dans leur intelligence
pour cette abstraction que nous appelons la
durée; et s'il fallait, en dehors de notre expé-
rience d'aujourd'hui, une preuve de cette singulière lacune, j'invoquerais les procédés
mêmes de leur langage : leur langue usuelle
n'a que deux temps, un passé indéterminé et
un présent qui embrasse le futur. Le vague
de leur grammaire est le vague même de
leurs esprits.

# XVI

## OGHLA-EL-HASSI,
### ET LES TRACES D'UNE TRÈS-ANCIENNE POPULATION
### AU SAHARA.

Oghla-el-Hassi est un groupe de puits qui occupe le fond d'une vallée de l'aspect le plus désolé du monde : un sol d'un blanc sale, de ce blanc terne et gris qui donne aux maisons de la banlieue de Paris leur nuance si triste. Ceci d'ailleurs n'est point une comparaison, la teinte dans les deux cas est celle du vieux plâtre sale : tout le fond de la vallée est revêtu d'une couche de gypse déposée par des sources qui ont coulé Dieu sait quand ; et à travers cette couche gypseuse, on suit de l'œil un ravin qui se dessine comme une longue coupure à pic. C'est là que les puits sont creusés, et ce ravin maussade mériterait d'être un lieu de pèlerinage pour ceux qu'intéresse l'histoire de la race humaine, car je suis sûr qu'il en sait plus sur nos origines que bien des livres.

J'ai dit que depuis Zebbacha nous avons remarqué la présence de flèches de silex sur le sol du désert : la recherche des pointes de silex a fait dès cet instant une de nos distractions favorites; tous les bas-fonds en contiennent, soit que l'eau les y ait lentement entraînées, soit que ces bas-fonds, plus humides, c'est-à-dire plus fertiles que le reste de la plaine, aient été de tout temps le séjour préféré de l'homme. Partout nous trouvions, à côté des flèches achevées, d'autres flèches à l'état d'ébauche interrompue, des fragments de silex simplement dégrossis en pointe, et jusqu'aux éclats de la taille, semés sur l'emplacement même des ateliers.

Que de fois, pénétrant dans le passé du désert, nous nous sommes reportés vers les

temps où des hommes à demi sauvages pro-
menaient, comme aujourd'hui l'Arabe, leur
existence errante à travers ces grandes plaines! Nous les voyions tailler à chaque campement les flèches nécessaires à la défense
et à la chasse; puis laisser sur place à la
fois les ébauches manquées et ces éclats de
taille dont le sol est couvert. Nous assistions
à ces premiers essais d'une industrie nais-
sante, mais à quelle date les reporter? Telle
peuplade sauvage a gardé jusqu'à nos jours
l'usage des armes en silex, et peut-être est-ce
encore un mirage qui nous fait évoquer ainsi
ces vieux ancêtres.

Voici enfin nos doutes éclaircis : MM. Rolland et Jourdan nous rapportent des fragments recueillis sous la croûte gypseuse qui
tapisse le fond de la vallée. Ces fragments
sont bien en place, la croûte de gypse sous
laquelle ils sont enfouis a deux pieds d'é-
paisseur, et la source qui l'a produite est
elle-même une source des temps géologi-

ques! Le vertige prend quand on songe au nombre de siècles pendant lesquels cette eau, qui ne coule plus aujourd'hui, a dû rouler sur ces débris pour concrétionner le dépôt qui les couvre, et combien de siècles encore se sont passés depuis le jour où la source a tari : fallait-il donc venir dans le lieu le plus désolé du monde, sur un sol rebelle à l'habitation de l'homme et sous un pareil climat, pour y recueillir les titres les plus anciens de l'humanité? — A ce propos, un rapprochement involontaire réveille nos souvenirs de la vallée du Nili : ces buttes monumentales qui bordent le Nili ne sont-elles pas à leur tour des vestiges de cette civilisation si vieille? De plus en plus le Sahara nous apparaît comme une terre peuplée autrefois de races nomades, mais puissantes. Le Sahara des anciens temps n'était donc point stérile? il avait de l'humidité, il était boisé? Eh bien, reboisons-le; là où pousse un caroubier, des millions de caroubiers peuvent vivre, l'espace ne manque pas : l'humidité va renaître et le Sahara refleurir. — Mais le moyen de faire croître des caroubiers à présent que le chameau règne au désert? les jeunes pousses seront méthodiquement broutées, et rien ne viendra. — Ici, mon raisonnement s'arrête court devant une question de personne. Je vénère les chameaux, et ce sont eux que j'accuse d'avoir fait le désert! Ils sont venus avec les Arabes. Les Romains n'avaient pour pénétrer en ce pays que le bœuf à bosse, et du temps des Romains le Sahara n'était point entièrement privé d'eau. Arrive le chameau, et le Sahara se dessèche. — N'importe, je garde mon estime aux chameaux; ils ont dévasté le Sahara, soit : mais ils ont donné le moyen de parcourir le Sahara désolé. Certaines gens vous noient pour vous sauver : c'est là ce qu'ils ont fait, et c'est déjà de la vertu.

6 février.

Aujourd'hui, longue conférence topographique avec Si-Naïmi et deux des plus intelligents de nos Chambâ, l'Hadj-Kaddour et un bon vieux qui porte aussi le nom de Kaddour et connaît le pays comme personne : nous l'appelons, pour le distinguer, le vieux Kaddour.

La conférence se passe à l'ombre d'une tente. On étale à terre une belle couche de sable, puis on s'étend à plat ventre et l'on se fait décrire le pays où l'on va s'engager ; on en dresse la carte d'avance, et même la carte en relief ; on marque, comme des enfants qui jouent dans une allée de jardin, chaque colline par une poignée de sable et chaque vallée par un trou.

A l'issue de la conférence, le café est servi, on se met à divaguer.

Et d'abord la conversation roule sur la découverte du jour, les flèches de silex et les populations primitives du Sahara. Cela intéresse peu nos hôtes : ils n'ont pas la curiosité de l'histoire. Au reste, les flèches de silex les trouvent incrédules et passent leur imagination : « Non, nous explique Si-Naïmi, ce sont des pierres tout comme d'autres. Dieu a fait des pierres rondes, d'autres angulaires; il a fait celles-ci en forme de pointes. » Et tous les Arabes, ses serviteurs religieux, opinent d'un signe de tête. « C'est égal, leur dis-je en manière de conclusion, on pourrait en faire des flèches.»

— « Et ces flèches-là, reprend le vieux Kaddour, blessaient moins que les balles de ces maudits Mozabites! — Est-ce que tu as souffert de leurs balles, mon brave Kaddour? — Ah! oui, j'en ai une à l'épaule, juste à l'endroit où l'on pose la crosse du fusil lorsque l'on tire; le recul me cause un mal affreux. — Dans ce cas, ne tire pas! — Hé, peut-on donc vivre et ne point faire usage de ses armes? » — Après cette boutade, le vieux

Kaddour se tait, et la conversation se continue avec l'Hadj-Kaddour.

L'Hadj-Kaddour est pour moi le beau type de l'Arabe : un musulman sincère, franc, droit, fin comme l'ambre; un homme superbe. Grand, d'une noble figure, il sourit avec une dignité de patriarche, et son langage est imagé à l'égal de celui de la Bible : « Il était difficile, lui dis-je, de s'orienter dans ces grandes plaines d'où nous sortons; vous nous avez bien guidés. — Je voudrais, répondit-il, vous abriter dans mon cœur même, et là, dans les mauvais jours, vous protéger contre le froid et la chaleur. — Que je regrette, Hadj-Kaddour, de ne pouvoir, faute de posséder la langue, m'entretenir directement avec vous! — Et moi, je voudrais que votre beau langage pût s'acheter, je donnerais de l'or pour le parler. » — Tout cela est joli à sa manière, mais on sent trop que le mot brillant n'est qu'une simple formule répondant

à la question par à peu près. Sancho répondait un peu de cette façon : il y avait chez
lui du sang arabe.

Au reste, l'Arabe du Sud a naturellement
un langage plus imagé que celui de l'Algérie; et cela tient, ce me semble, à son plus
grand isolement. L'homme a l'horreur de la
solitude; là où elle s'impose, il l'anime : le
désert est peuplé de revenants, et l'Arabe
prête par ses chimères une sorte de vie à
l'immobilité de ses grandes plaines.

Quoi qu'il en soit, la conversation lan-
guit. J'exhibe pour la ranimer une boussole,
en expliquant qu'elle montre la direction de
la Mecque et s'oriente vers une étoile qui ne
bouge jamais. « Vous la connaissez, cette
étoile?—Oui, répond l'Hadj-Kaddour, l'étoile
Bel-Hadi, qui est toujours à l'est. —A l'est la
Polaire? Mais où donc placez-vous le nord? »

— Réponse vague. — « Et le sud, où le
mettez-vous? — Le sud, c'est la Mecque! »

— J'y suis maintenant; le tout est de s'entendre sur les mots. Mais cela donne incidemment la clef de bien des informations qui m'avaient jusque-là paru fort mystérieuses. Toujours les Chambâ mettent le sud du côté où ils se tournent pour faire leur prière; et ils placent les autres points cardinaux en conséquence : ceci est capital lorsqu'il s'agit de les comprendre. « Vous ne vous servez pas de boussoles pour la prière? — Non. — Et pour voyager? — Non plus. — Il est vrai, repris-je, que cet instinct des directions que nous avons mis aujourd'hui à l'épreuve vous rendrait cet auxiliaire superflu. — Ah! pardon, la nuit, c'est l'étoile Bel-Hadi qui nous guide. — Et s'il y a des nuages? — S'il y a des nuages, on dort. »

Ce dernier mot m'a paru profondément arabe; la réplique fut plus arabe encore : « Et pourtant, murmura le vieux Kaddour en regardant encore la boussole, comme cela serait commode, dans les nuits sombres, pour aller piller les Mozabites! »

# XVII

## DANS LES RAVINS.

7 février.

Ici il faut faire le sacrifice d'un dernier préjugé : le désert n'est pas uniformément un pays plat ; il a ses régions accidentées, et même affreusement accidentées. Aujourd'hui nous entrons dans les ravins, mais les vrais ravins : les ravins où l'on grimpe, où l'on rampe, où l'on se casse le cou à chaque pas. J'ai bataillé et bataillé encore avec mes Chambâ pour leur faire indiquer un chemin plus facile : peine superflue, nous sommes condamnés aux ravins! Ce serait une fortune pour un peintre de traverser cet écheveau de vallées où toutes les formes sont heurtées et brusques, où rien n'est vulgaire ; mais quelles angoisses pour qui cherche bourgeoisement un chemin plat pour y poser des rails! Pourtant les fonds sont assez unis, et, grâce à Dieu, le pittoresque réside tout entier dans les rochers des rives. Là du moins les bizarreries abondent : pentes abruptes, talus minés par le temps et couronnés de corniches pierreuses qui surplombent. Partout on sent une influence violente qui a découpé, morcelé, déchiqueté le pays en tous sens. Regardez-en la carte, on dirait un dessin de porcelaine craquelée ; et c'est dans l'intervalle des crevasses qu'il nous faut chercher un chemin en contournant, à chaque instant, les lambeaux du sol rongé qui se jettent en travers de la route. Leurs déchirures se silhouettent sur le ciel en belles lignes horizontales d'une exquise distinction. Des falaises écrêtées à un niveau uniforme limitent la vue de toutes parts et se ramifient à l'infini en contours dont rien ne peut rendre la fantastique bizarrerie. Ici c'est un promontoire qui se lance, se bifurque et s'arrête court; là, une butte conique qui se dresse comme un témoin sur le fond plat du ravin; un peu plus loin une pyramide à arêtes vives; partout des formes sauvages, invraisemblables et telles que l'on n'en voit que dans les rêves. Figurez-vous un poulpe colossal dont les interminables bras s'avancent, se nouent, se tordent au pourtour de la plaine. Et tout cela à grande, à énorme échelle : des fonds de ravins larges de dix, quinze kilomètres parfois. Puis faites serpenter au milieu de ces encaissements un lit de rivière sans eau, avec des rameaux de genêts, des buissons d'aubépine et des touffes de thym; le tout se fondant en une coloration moyenne qui vire du jaune verdâtre au vert-de-gris et tranche sur un fond de sable fin : voilà, au sortir des plateaux nus, un tableau qui nous ravit.

Le premier ravin qui nous offre ce séduisant spectacle s'appelle l'Oued-Djedari (la rivière de l'aubépine — quel nom charmant en ce pays!). Nous en longeons le lit, quand tout à coup nous apercevons à travers les genêts une petite caravane d'Européens montés sur de jolis ânes noirs, aux grands yeux vifs, aux belles oreilles droites, des ânes pas plus hauts que des chèvres, et gardant encore cette mine éveillée que la vie domestique flétrit si vite. Les hommes de la caravane, ce sont nos Européens en personne; ils nous abordent tout fiers de leurs montures. — « Et où les avez-vous achetées? — Achetées! ce sont des bêtes sauvages, et nous les avons prises : nous sommes montés pour la fin du voyage! — Non, mille fois non; ce sont des bourriquets privés qui appartiennent aux tribus! » Nos hommes m'ouvrent des yeux étonnés et ne peuvent concevoir que des tribus laissent ainsi la pleine liberté à leurs ânes : ils la laissent pourtant, et les ânes n'en abusent point. Au fait, où iraient-ils?

Cet épisode clos, nous atteignons un groupe de deux pics isolés, nommés les Deux Jumeaux, qui se dressent au milieu de la plaine et fixent à leur pied une longue traînée de sable : ce sera notre lieu de campement, et pour nos chevaux un lieu de délices.

C'est qu'il y a de quoi manger ! Le sable, toujours légèrement humide, se revêt d'un peu de végétation ; et sur sa surface qui moutonne on voit croître, ici un genêt monstre, dont un chameau peut à peine brouter la cime ; là un vieux buisson sarmenteux qui étale ses branches noueuses et ses racines traçantes ; plus loin une grosse touffe de drinn, belle graminée qui nourrit, paraît-il, des bandes de mouflons et dont la vue seule porte la joie dans l'âme ; un coléoptère traîne à terre sa grosse carapace : partout on croit ressentir un vague tressaillement de vie. Les chameaux seuls gardent dans ce paradis leur mine sévère et ennuyée : ils broutent le genêt, ils broutent le drin avec un air de suprême indifférence. Décidément le chameau est incapable d'un mouvement de gaieté.

Huit heures du soir.

La journée, si bien commencée, finit par un concert : la flûte et les chants alternent dans le bivouac des Chambâ de Ouarglâ, et nous allons leur demander place à leur fête. Quelques branches de genêt petillant éclairent le groupe d'une lueur gaie et chaude. L'accueil est charmant. Chacun prend la flûte à son tour, et en tire un air plus ou moins triste, plus ou moins vague, parfois sauvage, jamais barbare. Tous savent jouer, et tous s'exécutent de bonne grâce : le rustre, l'homme inculte et tout à fait grossier est inconnu au désert. — A notre départ, tous nous assurent du plaisir qu'ils prendraient à nous revoir parmi eux, et leur chef nous reconduit jusqu'à nos tentes. Ces gens-là savent étonnamment vivre; il y a dans leurs allures primitives tout un fonds de traditions et les manières d'une civilisation très-ancienne : ah ! gardons-nous bien de les prendre pour des sauvages ! ils nous le rendraient, et à bon droit.

## XVIII

HASSI-CHAREF;
PREMIÈRES ANNONCES DE L'APPROCHE DES DUNES.


Je commence à craindre que mon silence
à l'endroit des dunes n'éveille l'idée qu'il
n'en existe point. Ce serait une idée fausse,
et je crois tout comme un autre qu'il y a du
sable au désert; mais jusqu'à présent je
n'en ai point vu, ou si peu que rien. C'est
ici qu'il commence, et il commence discrètement, timidement, comme pour nous habi-
tuer par degrés à le voir; nous marcherons
trois jours encore sans rencontrer autre
chose que des diminutifs de dunes, mais dont
l'aspect est assez joli.

Rien n'est régulier, correct, comme
ces monticules de sable : tous sont de

même forme, tous sont rangés comme des chameaux au camp, côte à côte, la croupe au vent. Leur croupe est lentement inclinée, et se termine par une crête tranchante avec un revers presque à pic. Au moindre souffle, les grains de la surface se mettent en marche, sautent, rebondissent, gravissent la montée, franchissent le faîte et retombent sur la contre-pente roide. On dirait un petit nuage vivant qui voltige et caresse la dune, fait jouer la lumière et baigne les contours d'une lueur douce et chatoyante. Cela nous charme aujourd'hui, mais d'un charme, hélas ! qui passera vite.

7 février.

Un vilain passage nous arrête court. Les Arabes l'appellent le Col de la Chèvre : on le franchit comme on peut ; puis une belle vallée s'ouvre, large, avec des lointains échelonnés, dont les derniers sont empreints d'un bleu violet profond. Les sables qui bordent à droite le pied des falaises s'étalent sur leurs flancs comme de longues traînées blanches aux surfaces lisses, aux arêtes vives, aux reflets irisés : telles sont à peu près nos collines sous une enveloppe de neige où le vent a passé. La scintillation même de la neige se retrouve dans l'éclat éblouissant du sable, lorsqu'une vive lumière brille à ses arêtes ou glisse à sa surface.

Le fond de la plaine est nu ; et au milieu se dresse, isolé de toutes parts, un monticule à pic, dont la crête calcaire surplombe et porte des amas de pierres auxquels s'attache une vieille légende. L'Hadj-Kaddour, qui sait tout, nous la conte, et la voici telle qu'il nous la débite :

La butte s'appelle le « Petit Cœur du collier » ; d'où vient ce nom ? L'Hadj-Kaddour lui-même l'ignore. Ce qui est sûr, c'est que nul n'y saurait monter : un seul homme put atteindre cette cime, et il l'atteignit d'un bond. Cet homme était un marabout de Goléah et avait le don des miracles : il chargeait son fusil avec de la terre... — avouez-le, l'imagination au Sahara n'est pas riche du tout; mais ces pierres entassées que nous distinguons d'ici nous semblent un monument de plus des vieilles civilisations que nous avons entrevues au promontoire fortifié d'Aïn-Massin. Le marabout sauteur s'appelait Si-Bou-Bekr. Les tas de pierres sont au nombre de deux seulement : sans doute ils marquent les deux pieds de Si-Bou-Bekr, de même que les quatre tas d'Aïn-Massin correspondent aux quatre pieds du cheval de Sidi-Mennâ. — Nous dépassons le Petit Cœur du collier, et nous atteignons, à la nuit tombante, Hassi-Charef, qui se présente comme un puits vulgaire dans une grande plaine.

8 février au matin.

Tout près et à l'ouest d'Hassi-Charef, se dresse un grand escarpement couronné d'inévitables tas de cailloux. Ces amas furent dressés sans doute à titre de signaux, pour indiquer au loin le puits; mais qu'importe? ils peuvent avoir leur légende aussi bien que ceux de Bou-Bekr et de Sidi-Mennâ; allons voir.

La montée est malaisée, on arrive essoufflé; et, au lieu d'examiner les tas de pierres, on s'assied sur l'un d'eux, et l'on regarde la vallée.

Ah! cette fois, l'aspect est saisissant. Quelle grandeur triste et quel air de désolation! Pas un arbre : à peine distingue-t-on çà et là quelques touffes verdâtres. A nos pieds on ne voit que du plâtre gris et terne semé de taches de sable qui ont la couleur de l'or mat; puis les taches d'or s'étalent et se confondent, et sur l'autre rive de la vallée le sable apparaît seul. D'abord il se présente comme une nappe unie; peu à peu la nappe se ride, les rides deviennent des vagues qui remontent aux flancs des falaises et s'arrêtent court, à mi-hauteur, comme des lames qui déferlent. Le soleil, en ce moment à son lever, laisse dans l'ombre le revers occidental des vagues, toutes les arêtes ressortent ; et par-dessus ce désordre, le sommet brun des falaises tranche sur le ciel en belles lignes calmes. Au fond de cette large vallée, notre camp a tout à fait la mine d'un campement de soldats de plomb ; nos chameaux, massés autour du puits, ont l'air de fourmis dans la plaine ; et de temps à autre leur grognement étouffé, ou les cris de quelque chamelier maussade, nous arrivent comme un bruit sourd et rauque qui semble la triste voix du désert.

Et nos tas de pierres préhistoriques? — « Tiens, me dit un certain Geilàli qui nous accompagne, en voici un que j'ai construit! — Misérable, tu préparais ainsi des déceptions aux bonnes âmes! — Hé oui : j'ai accompagné un Roumi là-haut; pendant qu'il écrivait, moi, j'ai fait ce tas de pierres : cherches-y bien, tu y trouveras un papier

que nous avons laissé. — Et ce Roumi
était…?—M. Souli (traduisez « Soleillet » !). »
Ce souvenir me charme, car on aime à rencontrer si loin la trace d'un Français ; mais
ce n'est point à ce charme-là que je m'at-
tendais, et, à demi penaud, je descends la
falaise.

Cependant, autour du puits, un drame
se prépare. Trois troupeaux, dont deux de
moutons et un de chameaux, surviennent et
veulent boire, et nos Arabes refusent de céder
la place. Là-dessus on se querelle tant et si
bien, qu'en moins de rien chacun s'est armé
d'un bâton ou d'un fusil, et se tient en garde ;
l'un des nôtres accourt avec deux sabres nus,
la situation est plus que tendue, et le fond
de l'affaire se réduit à ceci : les maîtres des
trois troupeaux sont Chambâ, nos chameliers sont Larbâ, donc il faut une querelle.
Heureusement, une querelle entre Arabes se
calme aussi vite qu'elle naît ; rien qu'à entendre les cris des deux partis, on sent que

ces gens-là sont trop en colère pour être fâchés; et, bien avant que nous ayons atteint le puits, le calme est revenu : « Je les ai mis à la raison, s'écrie avec fierté le chef des chameliers. — Et comment? — J'ai déclaré que si tout ne rentre pas dans l'ordre, je fais rouer de coups ceux que je puis saisir. A ces mots, ajoute-t-il, tout le monde s'est tu. »

On s'est tu, et dès maintenant les nôtres, demeurés maîtres du terrain, se sont mis à tirer de l'eau; ils se suspendent à la corde d'un mouvement convulsif et poussent des cris inarticulés qui, paraît-il, leur donnent du cœur. Quant aux chameaux, qui ne comprennent rien à tout cela, ils tendent leur grand cou vers l'auge, et de temps en temps cessent de boire pour contempler d'un air bête la poulie qui tourne.

# XIX



9 février.

Hassi-Charef est le lieu prédestiné des aventures tragiques. Hier, un courrier du cheikh de Goléah est venu nous apporter l'avis qu'une troupe de sauvages du Gourara est à nos trousses. Grand émoi! et pendant huit jours au moins nos hommes verront partout « des r'zous », comme les imaginations frappées voient partout des revenants. Mais ce matin, le r'zou a été vu, vu pour de bon, et l'éclaireur qui l'a vu est accouru à toute bride nous apporter son signalement : il a distingué, bien distingué au loin des taches noires qui se mouvaient lentement, et qui ont disparu vite derrière une dune.

Sur ce, protestation de mourir pour nous défendre : tout ce qui sait se tenir soit à cheval soit à chameau court sus au r'zou; Si-Naïmi, qui n'a peur ni d'un cheval ni d'un coupeur de routes, enjambe une de nos meilleures bêtes et se met à la tête de l'expédition. Pendant ce temps-là, tout ce qui reste dans le camp nettoie ses armes; vienne le r'zou, il sera reçu dans les règles!

Une heure se passe, puis deux, puis trois, personne ne reparaît; le r'zou aurait-il avalé tout le monde?

Enfin le corps expéditionnaire est signalé à l'horizon. Tout le monde revient en ligne, le fusil fièrement dressé sur la cuisse; à chaque extrémité de la ligne, un drapeau : un foulard barioló hissé à la baguette d'un fusil. Nous croyons à quelque grande bataille gagnée, et déjà je me préoccupe de l'embarras que vont me causer les prisonniers : « Eh bien! qu'avez-vous vu? — Rien.

— Et pourquoi cet appareil de triomphe?

—Ah! c'est que l'ennemi, ce n'était pas l'ennemi : nous avons suivi ses traces, c'étaient des traces de mouflons! » Les nigauds avaient pris des mouflons gris, presque des moutons, pour des hommes armés. A leur approche, la troupe s'était évanouie dans une dune : de là le roman du r'zou, l'équipée, le triomphe. Enfants! Et tout ce qu'ils rapportent de leur expédition, c'est un hérisson roulé en boule, qu'un cavalier me présente sur sa main tendue, avec une dignité qui me rappelle le Constantin de Saint-Pierre, tenant le globe à la main. Mais croyez bien que tout n'est pas fini : les héros de l'équipée sont Chambâ, et les gardiens restés au camp sont Larbâ; il se fera un échange de plaisanteries; puisse-t-il n'y avoir que des plaisanteries échangées!

10 février.

Il y a quatre jours à peine que nous cheminons dans les ravins; ils nous ont charmés d'abord, et dès à présent ils commencent à nous lasser. On éprouve je ne sais quel malaise à retrouver sans cesse cette ligne inflexiblement horizontale qui marque la crête des falaises; elle nous poursuit sans trêve et ramène malgré nous vers le sol le regard qui tend à s'égarer dans l'espace. Nous nous prenons à souhaiter de voir enfin des lignes qui montent et qui s'élancent, un bois de peupliers, que sais-je? — A défaut de peupliers, nous aurons pour faire diversion l'aspect nouveau des sables.

Nous quittons Hassi-Charef dès l'aube, et nous pénétrons décidément dans la région des dunes. La lumière y joue d'une façon étrange. En ce moment, le soleil se lève au milieu d'une brume cuivrée, et les chameaux, éclairés à revers, nous apparaissent comme de grandes ombres chinoises toutes noires, dont un trait de feu cernerait les contours. La chaleur est lourde, et le mirage, qui a cessé dans les ravins, reparaît à mesure qu'on s'élève sur les plateaux. Les moindres ondulations se reflètent dans l'air tiède comme dans l'eau tremblante d'un beau lac.

A midi, pas un nuage, et pourtant le soleil ne nous envoie qu'une lumière morte; le vent souffle à enlever les chameaux : un vent sec, chargé de poussière qui suffoque : l'air s'obscurcit; au sud, les lointains pâlissent derrière une brume de sable qui voile le pied des coteaux, et prête à leurs sommets des tons d'opale. Au nord, la brume de sable se colore de nuances rosées, détache les plans et s'étend sur le paysage comme un glacis chatoyant d'une délicieuse douceur. Les détails des lointains s'évanouissent et se perdent peu à peu dans la vague profondeur du ciel.

Vers trois heures, on peut, à travers la poussière qui assombrit l'air, regarder fixement le soleil, qui fait sur le ciel gris l'effet d'un disque mat entouré d'une auréole blafarde : cela tient le milieu entre un clair de lune incolore et un crépuscule manqué; c'est

quelque chose d'indéfinissable et de mortellement triste. Ce soleil pâle fait froid à voir;
l'air est glacé et le vent sans pitié. Le coucher
du soleil se fait sans éclat, sans couleur. La
nuit, il gèle, le poil des chameaux se couvre
de givre, et les dunes, que la lune éclaire,
s'illuminent de lueurs phosphorescentes. Puis
le matin, tout rentre dans l'ordre : le soleil
renaît dans sa splendeur au milieu d'un ciel
orange.

11 février.

Ces dunes, que nous avons vues briller en
pleine nuit d'un si bizarre éclat, sont de
véritables montagnes qui barrent impitoyablement la route, et qu'un chemin de fer ne
peut traverser qu'en s'engageant par-dessous
dans un tunnel. Provisoirement nous passons
par-dessus, et le spectacle qu'elles nous offrent
est surprenant. Les ondes sont grandes comme
les flots de l'Océan en un jour de tempête.
Les crêtes, environnées de sable qui voltige,
semblent fumantes. Le ciel, à mesure que

vous pénétrez dans le creux de la vague, prend des tons de plus en plus foncés ; en même temps le jaune clair du sable se hausse et semble se teinter de rouge : si bien qu'au moment où vous ne voyez plus que le creux du sable et un lambeau du ciel, le ciel vous paraît indigo et le sable orangé. Y a-t-il là un renforcement par contraste ? Je le croirais assez, et ceux qui savent raisonner des couleurs prouveront clair comme le jour que cela doit être : l'effet n'y perd rien.

Une fois engagé dans la dune, vous perdez tout sentiment des vraies dimensions de ce qui vous entoure : vous confondez un genêt avec un palmier monstre ; tout grandit dans des proportions fantastiques : des moutons paraissent gros comme des bœufs. Hier, au point du jour, j'ai mis tout le camp en émoi pour ressaisir dans la dune un cheval échappé, et ce cheval était un chien. Un homme qu'on aperçoit au loin parmi les sables semble un géant.

Tout cela porterait fort à l'admiration, s'il ne fallait se traîner à travers ces splendeurs ; et comme on s'y traîne, grand Dieu ! La marche est un supplice, pis qu'un supplice, un agacement dont rien ne donne l'idée. Vous posez un pied en avant, et le sable qui fuit sous le poids vous reporte de deux pas en arrière : comment on avance ? je l'ignore, mais on avance, et surtout on enrage.

Trois heures.

Enfin on a passé la dune ! le sol ferme est retrouvé ; et il ne manque à la fête qu'un bon coup de vent qui enlève cette montagne de sable pour la reporter malicieusement à l'endroit de nos tentes. Ce serait la réalisation de l'idée que se font d'une tempête de sable les âmes candides qui croient aux lions du désert. Heureusement ce petit surcroît de pittoresque n'existe, en compagnie des lions, que dans de vieilles histoires : le simoûn a pu asphyxier des armées, il ne les a jamais englouties, et ce vent si fort calomnié en veut si peu aux dunes, qu'il laisse aux genêts le temps d'y croître. Une tempête de sable, c'est, avec des nuances de plus ou de moins, cette petite pluie impertinente de poussière mêlée de gravier fin qui nous cinglait la face au sortir d'Hassi-Charef; et lorsque la tourmente a laissé deux mètres cubes de sable derrière une tente, on se flatte d'avoir essuyé une grande, une très-grande tempête. Voilà ce qu'est un orage de sable réduit à sa prosaïque réalité. On s'enveloppe la figure d'un double voile de gaze, on bat à coups de fusil le rappel des chameaux qui n'y voient plus, et l'on étouffe. Puis l'orage passe, et l'on en est quitte pour avoir du sable dans les poches et les yeux un peu rouges.

Donc les dunes ne s'envolent pas comme des plumes à chaque orage : il en est même de tout à fait fixes, qui répondent à des plis de terrain, des vallons ou des cols.

Telle est, par bonheur, la dune de l'Oued-Sadana, que nous venons de franchir, et telles seront, paraît-il, trois autres dunes qui restent à traverser pour atteindre Goléah.

Le soir.

Ces dunes sont immobiles, soit; pourtant une vague inquiétude me poursuit : ne pouvait-on passer ailleurs? Je presse l'Hadj-Kaddour de questions : « Hé! me répond-il avec un ton de conviction qui me désarme, croyez-le bien, s'il avait existé un meilleur chemin, je vous l'aurais fait suivre. Je voudrais, dans les mauvais passages, vous porter sur mes mains. » — Et, en disant ces mots, il tient ses deux mains étendues comme s'il nous eût vraiment portés. L'Hadj-Kaddour prend à cœur notre œuvre autant que nous faisons nous-mêmes; pour effacer la fâcheuse impression de mes questions trop pressantes, je lui offre le café, qu'il accepte, et du tabac, qu'il refuse : « Est-ce que la religion vous défend de fumer? lui dis-je. — Non, mais mes parents ne me l'ont pas appris : et ils ont bien fait; car qui fume jeune s'oblige à fumer sa vie entière. » — Le bonhomme a raison, et, sans trop s'en douter, il me semble qu'il formule assez juste la différence de l'éducation arabe et de la nôtre. Supprimer les besoins, voilà où tend sans cesse l'Arabe; les satisfaire, voilà notre éternelle aspiration. Qui des deux a tort? Tout le monde, ou personne : ce sont deux façons inverses d'entendre la vie, laissons les Arabes libres de préférer la leur.

### A la nuit noire.

Un cri de remords part de la tente de nos Européens : on a laissé passer le carnaval sans le fêter! si l'on réparait l'oubli? Vite un feu de joie, un feu monstre, un feu à embraser la moitié du désert! Et nos hommes, qui tout à l'heure tiraient l'aile, se sentent tout à coup éveillés et dispos : on arrache

des herbes sèches, on en fait un monceau,
on en fait une montagne : le camp, la plaine,
les dunes, tout s'illumine ; on saute à travers
la flamme, on crie. La contagion gagne jusqu'aux Arabes, et plus d'un Larbâ vient
s'accroupir auprès du feu pour voir comme
les Roumi fêtent l'ouverture de leur ramazan.

— Étranges gens que nous sommes ! Demandez à des Français épuisés de fatigue une
besogne sérieuse, ils dormiront : mettez une
drôlerie en avant, et vous les entraînerez,
fussent-ils mourants, fussent-ils morts de
fatigue.

# XX



13 février.

Nous campons à trois lieues du puits de
Zirara : enverrons-nous les chameaux y
boire? Nos chameliers, qui sont tous Larbâ,
craignent de le trouver occupé par des ber-
gers chambâ; et moi je pressens, si la rencontre a lieu, un réveil terrible des querelles
d'Hassi-Charef. La frayeur est dans le camp
des Larbâ : ils se sentent dépaysés et trem-
blent de tous leurs membres comme des
villageois qui ont perdu de vue leur clo-
cher; l'ennemi, ils le voient partout, et ils
font les braves, ce qui est le pire des indices.
Ils arborent en guise de drapeau le mouchoir
illustré par l'équipée des mouflons, et le

contemplent avec un sourire de défi : grands enfants qui tâchent de s'étourdir et de se prouver à eux-mêmes qu'ils n'ont pas peur. Puis la bravade fait place aux aveux, aux prières : « N'allons point à Zirara, nous t'en conjurons : partons bien vite; la marche peut seule nous sauver. »

« Vous voulez brûler Zirara? mais l'eau, en aurez-vous jusqu'à Goléah? — On se privera, mais ne nous envoie pas au puits : nous sommes entourés d'ennemis; cette terre même, cette terre est notre ennemie! » — Et ils montrent le sable du camp avec un geste d'horreur. Force est de céder; et, pour expier la frayeur des Larbâ, nos chameaux vont achever sans boire une traite de sept jours!

14 février.

La peur aidant, on est en marche avant le jour. Il a gelé, les dunes jettent au soleil levant des étincelles de givre; l'horizon scintille comme un beau cercle argenté. Le

givre fond, les plis des dunes prennent la
couleur ocreuse du sable humide. Puis la
brise se lève, le sable sèche, et les crêtes se
bordent d'un nuage de poussière fauve que
le soleil dore.

Elles sont superbes, ces dunes du sud :
superbes, mais tristes comme des images de
désolation et de mort. Soit qu'elles étincel-
lent de givre, soit qu'elles fument au souffle
du vent, elles gardent dans leurs grandes
lignes solennelles je ne sais quelle austère
majesté qui se résout en une irrésistible
impression de tristesse. Cela ressemble à
l'effet des ruines, mais il y manque cette
sympathie qui s'attache au souvenir de
l'homme et à l'histoire de son passé. J'aime
les ruines, parce qu'à côté de la désolation je
vois en elles la trace vivante encore des grands
efforts de l'humanité : ici, la seule pensée
qui s'éveille est celle d'une force aveugle,
d'un pays sans passé et pour qui l'avenir
sera peut-être fermé longtemps encore.

Neuf heures du matin.

L'Hadj-Kaddour me fait signe pour me montrer une pierre qui, paraît-il, a sa légende. La pierre mesure à peine un pied de côté, et tous les Chambâ la connaissent. « Voyez-vous, me dit-il, ces stries à la surface? c'est le frottement d'une corde qui les a produites : cette pierre est le monument de la cruauté d'un homme et de la justice divine. Un Arabe jadis la pendit au cou de son chameau et la lui fit traîner. Le chameau la traîna ; mais le jour de la vengeance vint, et le chameau tua son maître. » — On s'attendait à mieux, et le dénoûment est pauvre pour l'histoire d'une pierre si fameuse : jamais les légendes du Sahara ne sont ni moins naïves ni moins morales.

Au camp.

Malgré le serment de tout souffrir, les plaintes commencent chez nos Arabes. Celui-ci manque d'eau, celui-là de chaussures ; cet autre n'a plus de dattes à manger. — De l'eau, nous en distribuons un peu ; pour réparer les fatigues de la marche forcée, nous donnons deux ou trois moutons, et l'on est content : « Vous partagez avec nous. Et nous, à notre tour, nous n'aurions qu'une souris, nous vous en ferions part : Dieu accroisse votre bien ! »

Mais pour les chaussures et les dattes, cette fois la demande est révoltante, et je la repousse net. Comment, gredins, un convoi de ravitaillement revient du Mzâb, vous aviez de l'argent, et vous ne vous êtes pas munis ! Et la requête se reproduit sous mille formes, précédée chaque fois d'un mot flatteur ou du rappel de quelques bons offices. « Sokhrar melch ! » me crie un chamelier d'une voix larmoyante ; cela veut dire « chameliers — bons ». — « Oui, melch ! — Mais ils n'ont pas de chaussures ! — Ah ! il fallait en acheter au Mzâb. » Tel autre me présente un fossile, une flèche de silex, et puis m'explique qu'il n'a plus de dattes dans son sac. — Même réponse : « Il fallait te pourvoir au Mzâb, mon pauvre ami; il est trop tard. »

Trop tard! c'est tout juste le moment que mon drôle épiait. Plutôt que de prévenir le mal, ces gens-là attendent qu'il n'ait plus de remède que dans votre charité; ils s'exposent à manquer de tout, plutôt que de laisser échapper une occasion de vivre à vos dépens. — Et mes deux sokhrar ne sont pas seuls dans ce cas : il n'est pas quatre Arabes qui se soient approvisionnés au Mzâb; les autres ont systématiquement escompté notre charité : et tous ont attendu pour gémir le moment où les difficultés de la marche nous auraient disposés à la compassion. L'intelligence de l'Arabe ne s'exerce guère qu'à des calculs de ce genre.

J'ai refusé, il le fallait; mais l'inquiétude me prend : la famine serait-elle dans le camp? Vite je fais une revue des provisions de mes mendiants, et j'en sors convaincu que si un léger retard survient d'ici à Goléah, moitié de la bande mourra de faim. Leur incurie passe ce qu'on peut croire. « Tu fais le couscouss, toi? en as-tu du moins une bonne provision? — Pour ce soir encore. — Et après, que mangeras-tu? — Des dattes. — Tu en as? J'en achèterai. — Où? — Dieu pourvoira. »

15 février.

Un second courrier envoyé par le cheikh de Goléah me réitère l'avis qu'un parti assez fort rôde autour de nous, mais la dépêche n'ajoute rien aux appréhension de mes Arabes : d'avance ils savaient tout. L'Arabe a l'instinct des informations : un éclaireur avise un berger qui a rencontré une caravane, et celle-ci disait que... Bref, il n'y a pas de nouvelle qui ne fasse son chemin au Sahara, et, comme bien on le pense, qui ne grossisse en circulant. La province n'a pas de petite ville où les commérages aillent leur train comme au désert : — à notre tour, nous accélérons le nôtre.

Les étapes sont rudes, mais l'effroi donne des jambes à nos hommes. Là où l'on ne marche pas sur la dune, c'est le roc vif que l'on a sous les pieds : un roc calcaire, dur comme du silex et poli comme une glace. On voit sur les blocs des sillons creusés par le frottement des myriades de grains de sable qui depuis des siècles passent et repassent. Les rochers sont dentelés et percés à jour; les parties tendres se sont usées, et les arêtes de la pierre se sont échancrées en festons. Les dalles brillent au soleil comme des flaques d'eau, et l'on y glisse comme sur du verre.

Le pied manque à mon cheval, et, sans prévenir, il m'étend de tout mon long à terre. L'Hadj-Kaddour vient à mon aide, et, par une de ces attentions délicates dont il a le secret, me fait promettre qu'à l'arrivée j'irai fêter avec lui ma bonne chance de ne m'être point assommé.

**Au camp.**

Je me rends à l'invitation ; et, tout en mangeant des dattes — elles sont excellentes — je me demande quelle politesse je pourrai bien rendre. Préoccupation superflue, qui sera vite calmée : « Ah ! me dit mon brave pèlerin, je voudrais bien t'offrir le café ; hélas ! je n'en ai plus ! » — Me voici hors d'embarras ; et franchement ce fut naïveté de ma part de m'être préoccupé un seul instant : j'aurais dû savoir que jamais Arabe ne vous laissera en peine des moyens de vous acquitter envers lui. L'Hadj-Kaddour est un homme bien élevé, sa formule est discrète, élégante, mais non moins claire : et, chez les Arabes comme ailleurs, le dévouement se termine à la façon des exploits d'huissier, « dont le coût est de sept francs cinquante ».

11

16 février.

Toujours du sable et de la pierre, et point d'autres habitants que des reptiles. Ah! du moins les reptiles pullulent! chaque touffe de thym qui pousse dans une fissure de roc retient derrière elle un peu de sable, et sur ce sable vous voyez régulièrement une traînée sinueuse laissée par la queue d'un lézard, avec des empreintes de petites pattes que la bête a laissées en trottinant. C'est le pays des scorpions, le pays des vipères. Nos Arabes se font un jeu de les prendre pour nous les offrir : ils s'enveloppent la main dans un pan de burnous, et tandis que la vipère dort, ils étreignent entre deux doigts sa petite tête triangulaire. Chaque soir, avant de dresser la tente, il faut piocher le sol sur un pied de profondeur pour s'assurer qu'on ne campera pas en société d'une douzaine de vipères et d'une nichée de scorpions.

Peu à peu cependant on approche. Nos

Laghouati ne se tiennent plus de joie, il faut que leur satisfaction éclate, et ils organisent pendant la marche même une danse à l'arrière de la caravane. L'un d'eux joue de la flûte, un autre marque le rhythme par un battement de mains qui revient à chaque mesure comme un accompagnement sourd et étouffé. Le danseur (il est unique) tient en l'air son fusil à bras tendu. Une mesure frappe, il chasse le pied droit en avant et baisse la crosse ; seconde mesure : mouvement inverse, voilà toute la danse. Tous les gestes sont lents et graves. Et pourtant cette danse même leur paraît indigne d'un homme : ce sont les femmes — ou bien les nègres — que les Arabes « font danser ». Aujourd'hui même, malgré l'allégresse générale, les Chambâ ne dansent pas, non plus que les chameliers larbâ : le divertissement n'a pour acteurs que des gens des villes, dégénérés à notre contact, et qui n'ont guère conservé de l'Arabe que le nom et les vices.

Plus nous approchons, plus la marche s'accélère : nos Arabes, qui depuis trente jours n'ont pas vu une oasis et qui sentent Goléah de si près, s'animent comme des chevaux au voisinage de l'écurie; ils coupent au court et me jettent dans des ravins où nul chemin de fer ne saurait passer; si bien qu'à la fin je me fâche et les fais rétrograder à la recherche d'une meilleure route. Alors on ne danse plus.

# XXI

## GOLÉAH : L'ARRIVÉE ET LA PREMIÈRE DIFFA.

17 février.

Nous touchons à la lisière des plateaux. La caravane s'engage dans une descente pierreuse, étroite et encaissée ; puis l'horizon s'ouvre soudainement, et nous entrons dans une plaine immense. Au levant se dresse la falaise brune des plateaux que nous venons de quitter, au couchant la vue s'arrête sur des sables ; sous nos pas des efflorescences de gypse rappellent la blancheur mate et les reflets cristallins d'un givre. Au midi, des taches d'un vert sombre font deviner une forêt de palmiers : on salue Goléah.

Un silence recueilli succède à ce premier élan, et puis la joie éclate à nouveau : les

Arabes lèvent les mains vers Goléah, les chevaux bondissent comme des chèvres.

Une heure et demie.

Voici enfin des habitants! Voici deux cavaliers, dont un porte le manteau rouge des cheikhs. Une bande les suit, et c'est bien la bande la plus pittoresquement dégue-nillée qui se puisse voir : tous sont nègres ou presque nègres; tous se tiennent à peu près alignés, frappent sur de petits tam-bours, trottinent, trépignent, se trémoussent, font des bonds de carpes et jettent de petits cris aigres en agitant comme des démonia-ques, sous leurs lambeaux de vêtements qui volent, leurs bras noirs, leurs jambes noires, leurs têtes noires. Hors du rang, un nègre de six pieds, véritable tambour-major, sau-tille à reculons et bat la mesure à tour de bras sur une peau mal tendue.

A cinquante pas de nous, le cheikh et le cavalier arabe qui l'escorte mettent pied à terre et s'approchent. Le cheikh nous présente la main. C'est un petit vieillard presque nègre, qui se voile les lèvres à la façon des Touaregs et semble le plus brave homme du monde.

L'autre Arabe nous salue à son tour; puis tous deux remontent à cheval et galopent en notre honneur, de ci, de là, d'un galop de charge si frénétique, que le cheval de l'Arabe brise sa sangle et le jette à dix pas. Il en est quitte pour des égratignures, et tout le monde se met en marche vers Goléah.

A ce moment, je voudrais être en dehors du cortége pour mieux voir et admirer plus à mon aise.

Les indigènes avec leur tambour-major ouvrent la marche. Le cheikh est à notre droite, la caravane à la suite : et la caravane, je vous jure, est belle en ce moment! on lit sur toutes les figures la satisfaction de gens qui touchent au but et qui auraient pu se montrer braves si l'occasion s'en était offerte.

Les Larbâ se donnent une contenance résolue que leurs terreurs d'hier rendent souverainement plaisante : le fusil sur l'épaule, ils gardent à travers la plaine un alignement irréprochable et portent, en guise de drapeaux, des mires, des jalons ornés de loques vertes ou rouges, tout ce que nous avons de signaux. Les Chambâ forment une dernière file, mais plus digne encore et plus solennelle. Montés sur leurs grands mehara, tous rangés en une seule ligne, ils dressent sur la cuisse leurs longues carabines et s'avancent silencieux. Puis viennent les chameaux, les bagages, la queue du convoi : tout cela s'étale au large sur de vastes espaces; et l'oasis verte, qui se découvre à chaque pas avec plus de netteté, fait à cette mise en scène un décor digne d'elle.

**Deux heures.**

Goléah s'annonce comme un rocher au milieu des palmiers, avec une forteresse qui serait imposante même ailleurs qu'au Sahara ; c'est un Mont-Saint-Michel, une acropole en plein désert : acropole de sauvages, mais dont les grandes tours carrées et les murs à redans se dessinent fièrement sur le ciel et commandent le respect.

On s'engage dans l'oasis. Le chemin serpente entre des jardins de palmiers mystérieusement entourés de murs en terre jaune. On ne voit par-dessus les clôtures que des rameaux pendants ou des balanciers de puits qui se dressent comme des mâts. Enfin, sur une esplanade protégée contre le vent par une haie de palmes, nous trouvons des troncs de genêts et du drinn : c'est un campement que notre excellent cheikh Brick a préparé pour nous, et dont il nous fait les honneurs.

Nous voici donc chez nous ! — Remercîments au cheikh, remercîments en espèces sonnantes aux négrillons qui nous ont escortés ; mais les négrillons ne s'en vont point, et le cheikh ne bouge non plus qu'une borne.

Que lui dire? — Des politesses d'abord : je le félicite de son petit cheval blanc. Le petit cheval blanc est bien insignifiant, n'importe : faites toujours à un Arabe l'éloge de son cheval; c'est un mensonge innocent qui n'engage pas plus en ce pays que certains compliments ailleurs. Puis nous venons au fait, et nous nous informons des ressources qu'offrira Goléah pour nos approvisionnements. « L'orge s'épuise, et nos Arabes pour la plupart marchent nu-pieds : pourrons-nous trouver de l'orge, acheter des chaussures? » — Des chaussures! la question provoque une affligeante hilarité. « Ah! m'interrompt l'Arabe qui accompagne le cheikh, c'est à vous bien plutôt que nous demanderions tant de choses qui nous manquent! — Goléah n'est donc pas un grand centre? — Voyez, tous les hommes sont là. » Et tous ces hommes enrôlés ne feraient pas quatre escouades!

— Encore une illusion qui s'efface, et un

exemple de plus de ces idées fausses que donne un nom marqué en trop grosses lettres sur les cartes! On écrit Goléah avec les mêmes caractères que Laghouat, et le bon public se figure que Laghouat et Goléah sont d'égale importance! « Au reste, ajoute le cheikh, nous ne vous laisserons manquer de rien, et dès ce soir je vous offre la diffa. » Nous acceptons : il faut bien accepter. Adieu le plaisir d'être chez nous!

Le cheikh se retire, et le camp est envahi par une foule de moricauds de toutes nuances, mais où je ne vois qu'un Arabe, c'est le grand diable qui s'est à moitié tué en nous faisant la fantasia. Tous les autres Arabes sont demeurés au désert avec leurs tentes, à deux lieues de Goléah. Est-ce indifférence? est-ce antipathie? je n'en sais rien; mais j'éprouve une surprise mêlée d'un peu d'inquiétude à voir qu'un seul d'entre eux ait daigné se déranger pour venir nous admirer. Supposez qu'une troupe d'Iroquois passe à deux lieues d'un village normand, et vous verrez tous les Normands accourir : les Arabes restent tranquilles, ils n'ont pas nos instincts curieux, ce sont d'autres hommes que nous.

A défaut d'Arabes, les races les plus étranges sont ici représentées : c'est un musée anthropologique vivant. Toute une rive du camp est noire de nègres qui nous contemplent la bouche béante, tendant leurs dents blanches au grand soleil et ouvrant des yeux énormes. Ils nous regardent visiblement comme des bêtes curieuses, mais comme des bêtes qui ne les effarouchent point, et leurs grosses lèvres sourient toutes. Dans cet autre coin, ce sont des gens d'une autre sorte : endormis comme des Arabes, un peu moins noirs que des nègres, avec la figure longue, le front étroit et l'air hébété. Évidemment, en dehors de l'élément arabe, nous sommes ici en face de deux familles humaines : le groupe nègre, et cette autre famille d'hommes presque noirs qui paraissent, à tout prendre, d'honnêtes créatures. Que de questions à éclaircir! mais la nuit tombe, la faim nous torture, et nous attendons la diffa.

### Neuf heures du soir.

On signale au loin le cortége de la diffa! cinq grands plateaux chargés, surchargés de couscouss, font leur apparition au camp : un repas monstre. Toutes les femmes de Goléah ont été mises à réquisition, et l'on a fait à souper pour tout le monde. « Mais vous nous gâtez, cheikh, nous sommes confus! — Je ne veux pas qu'il soit dit que des hôtes sont venus chez les Chambâ de Goléah, et n'ont pas tous rassasié leur ventre. » — Tous vont donc « rassasier leur ventre », et puis se reposer, s'il plaît à Dieu.

Le repas est servi sous notre tente, pour nous et pour les grands de la diffa. Bien entendu, Si-Naïmi est du banquet. On cause peu, et, suivant la formule arabe, on se

borne à « contempler mutuellement son
auguste figure ». — Ce n'est pas que la langue ne me démange : l'esclavage, ces nègres,
ces mœurs bizarres, qu'est-ce que tout cela?
mais j'ai peur d'éveiller la défiance en trans-
formant le dîner en un interrogatoire :
j'ajourne les questions sérieuses, et me con-
tente pour cette fois de contempler mes
hôtes.

J'ai mis à leur disposition notre vaisselle ;
et c'est plaisir à voir comme il sont plaisamment gauches, assis sur des siéges et mangeant avec des fourchettes. — Plaisamment
gauches? c'est nous, bien plutôt, qui sommes
plaisamment ridicules à nous embarrasser
de tous ces accessoires. Plaçons-nous pour
un instant en dehors et au-dessus de nos
idées courantes ou de nos préjugés d'éducation : pouvons-nous croire que, dans
le plan providentiel dont fait partie la bête
humaine, des chaises et des fourchettes
entrent comme un complément de l'orga-

nisme? Non, l'homme est bâti pour s'asseoir à terre et manger avec ses doigts; et je le crois si fort, que rien qu'à voir un siége je sens se réveiller en moi les instincts du sauvage, et mon premier mouvement est de m'asseoir à côté. Je ne sais si l'homme qui pense est ou non un animal dégradé, mais l'homme qui s'assied sur une chaise et mange avec des doigts artificiels, cet homme-là est une créature dévoyée; je le regrette pour les Européens : mais, sur ce point comme sur tant d'autres, les sauvages ont raison contre eux.

Trouverai-je enfin de quoi parler sans faire naître l'inquiétude? — A tout hasard, je risque la question du commerce de Goléah. — « Pauvre commerce, me dit le cheikh. Il était actif autrefois, lorsque les caravanes du Touât et du Gourara portaient en Algérie leurs dattes et leurs esclaves. Aujourd'hui, le peu de caravanes qui passent sont celles qui se dirigent vers Tunis ou le

Mzâb : on mène à Tunis, comme autrefois, des dattes, on laisse quelques esclaves du côté de Ghadamès, et l'on rapporte du blé ou des vêtements. »

— Pour rester sur le terrain des choses en apparence indifférentes, j'essaye de me faire dire la manière dont s'opèrent les échanges. Le procédé habituel est le troc pur et simple : un chameau pour un fusil, des dattes contre de la laine; et le peu de monnaie qu'on emploie comme appoint, c'est la monnaie du Touât, fabriquée au Maroc.

Et les mesures? — Les longueurs, on les évalue en brasses, coudées et empans. On étend les deux bras pour obtenir la brasse; on ouvre la main, et l'on compte du coude au bout de l'index pour avoir la coudée : cette précision leur suffit.

On pèse avec des poids français. Autrefois (lacune assez curieuse), autrefois le procédé d'échange par pesées leur était inconnu : les rapports de poids répondaient à une conception trop abstraite, on ne mesurait que les volumes; et l'unité était le hadia, qui contient à peu près six litres un quart. « Est-ce une mesure marocaine? dis-je au cheikh, espérant saisir là un indice de quelque vieille relation commerciale ou politique. — Non, ce n'est ni la mesure du Maroc ni celle du Touât. » — Et pour m'édifier sur l'unité, il m'apporte le hadia-étalon : une écuelle de bois en éclats, fort vieille, je pense, et dont les morceaux sont bien ou mal rassemblés par des ficelles pourries.

J'en étais là, désireux d'apprendre et n'osant entamer les questions toujours délicates des races humaines, de la vie intérieure et de l'organisation de la famille; la conversation allait mourant, on se bâillait au nez. Soudain une idée me traverse la tête. Si, au lieu de les interroger, nous leur expliquions l'objet de notre voyage? — Là-dessus, pour mieux parler aux yeux, on exhibe une de ces locomotives en fer-blanc qu'un ressort fait mouvoir et qui chez nous amusent tant les marmots. — Au bruit de la clef qui tourne et tend le ressort, nos hôtes écarquillent les yeux; et quand la locomotive s'échappe sur la table, traînant derrière elle une queue de quatre wagons, c'est un éclat de rire et puis un cri d'admiration : « Il n'y a donc que la mort que vous ne puissiez dompter ! » C'est la première fois que je vois un Arabe frappé d'étonnement. Le cheikh veut remonter lui-même la machine et dépense à tourner la clef autant de force que sa femme en mettrait pour tourner une meule à couscous; crac ! le ressort casse, et plus de machine : un Arabe a deux mains gauches.

C'est égal, nos Arabes s'intéressent à la nouveauté. Ne pouvant plus apprendre par leurs yeux, ils nous questionnent. La vitesse les surprend, l'idée d'un tunnel, l'idée d'une « route de feu » qui traverse les montagnes les consterne. — « Et les sables, gêneront-ils? — On passera dessous. — Et les rochers?

— On les tranchera. » — L'Arabe, pour un instant, a vécu de notre vie d'Européens, il s'est associé à nos rêves de progrès. Mais l'enfant reparaît aussitôt. Un moment l'enfant se haussera, en face d'un modèle de locomotive, aux pensées de l'homme mûr; mais ne lui demandez pas de raisonner long-temps : les petites roues et le chauffeur en carton prendront vite dans sa tête le pas sur les idées. Ainsi de l'Arabe. Et cela donne incidemment occasion à un mot que je trouve joli :

J'ai prononcé déjà le nom de sokhrar, qui veut dire un conducteur de chameaux : — le chauffeur en carton, mes Arabes l'appellent « le sokhrar de la locomotive » ! — Je sais, en turc, le pendant de ce mot : vous avez connaissance de ces portefaix de Constantinople qui enlèvent un piano sur leurs épaules? on les appelle des « hammals ». Eh bien, sur les chemins de fer turcs, un train de marchandises se nomme « un train-

hammel ». Mais revenons à notre enfantillage arabe :

Si-Naïmi a voyagé, il a vu Alger et les
vrais chemins de fer : or, devinez ce qui l'a
le plus vivement frappé, lui Arabe distingué,
esprit cultivé du désert : c'est le souffle
bruyant de la machine lorsqu'elle lance par
bouffées un gros jet de vapeur... Et puis le
sifflet... Imaginez un entretien entre gamins
de quatre ans qui ont vu pour la première
fois un train de chemin de fer : voilà comme
la conversation finit. — En prenant congé du
cheikh, j'obtiens de lui la promesse que,
demain, il voudra bien nous faire visiter la
citadelle.

# XXII

LA CITADELLE. — UNE SECONDE DIFFA OU L'ON CAUSE
ARABES ET ZENNATA.

## 18 février, au matin.

Le soleil brille de très-haut, et en dépit du
soleil, le froid est vif et piquant : notre marmite a passé la nuit au milieu du camp, et,
sur l'eau qu'elle contient, on voit nager de
belles aiguilles de glace. Songez que nous
sommes par le trentième parallèle et à la
veille de mars, et puis croyez à la géogra-
phie! Nos statistiques prouvent que le froid
dont nous souffrons, c'est le froid dont on
gèle en France, que le vent du nord règne
en ce moment et nous apporte une température nationale. J'en conviens; mais plus
je cours le monde, plus je me convaincs

qu'il n'existe point de pays où l'on n'ait à compter avec l'hiver. Je me suis vu chassé du centre de l'Asie Mineure par la pluie et la neige, aujourd'hui je gèle à Goléah!

Le cheikh s'était annoncé pour l'heure du soleil levant : le cheikh n'arrive pas, et, pour prendre patience, nous flânons dans l'oasis, nous errons à l'aventure. Soudain, par-dessus un pan de mur écroulé, la vue pénètre dans un jardin, et tout le monde s'arrête court : on est ravi, on admire aux larmes; et ce qui nous émerveille à ce point, c'est un carré de jeune orge qui pousse sous des palmiers et verdoie dans l'enclos. Accoudés sur la brèche du mur, nous contemplons bouche béante ce petit coin d'herbe fraîche qu'un rayon éclaire à revers en reflets veloutés d'une idéale transparence. Que c'est beau un champ d'orge, quand depuis trente jours la vue ne s'est pas reposée sur une tache verte! Un filet d'eau glisse dans une rigole, et des palmiers s'y mirent. Les palmiers de Goléah ne sont pas grands, leur tige sort gauchement, on dirait des arbres à demi enterrés; mais un arbre même rabougri qui a son pied dans une flaque d'eau, c'est à tourner les têtes les plus rassises. Survient avec son manteau rouge le cheikh, qui ne comprend rien à notre extase. Il s'est fait attendre deux heures : et nous lui en savons presque gré.

Nous montons à la citadelle par un sentier fort roide, le seul chemin qui jamais y ait conduit; et ce sentier est dominé sur tout son parcours par des murs de trente à quarante pieds de haut, avec des flanquements aussi bien combinés que ceux des plus belles forteresses antiques. Pour arriver à la plate-forme, il faut franchir une première porte, puis une autre, puis une troisième. De ces trois portes, la première seule serait à la rigueur accessible; mais par une rencontre assez remarquable, elle est orientée suivant une règle de fortification commune à

tous les anciens peuples civilisés, et cette
règle, la voici[1] :

L'assaillant n'est protégé contre les flèches
de la défense que par le bouclier qu'il porte
à son bras gauche, il n'est couvert que sur
le flanc gauche : forçons-le, par l'orientation
de la porte, à n'approcher de la place qu'en
présentant le flanc droit. — La première
porte de Goléah répond à merveille à cette
condition. Les deux autres interrompent le
sentier au pied même des grands murs, et
vous ne pouvez les aborder qu'en cheminant
sous le coup d'une grêle de pierres qui tom-
beront de toute la hauteur : le poste serait
imprenable sans artillerie; d'ailleurs, il n'est
guère possible à réduire par la famine, car
il contient toute la réserve de dattes de la
tribu, et la principale tour enferme un puits
qui ne tarit jamais : on ne s'attendait guère
à ces combinaisons de défense en plein
désert.

De Rochas, Principes de la fortification antique(1881).

Nous avons passé les deux dernières portes, qui n'ont plus de vantaux aujourd'hui. Au dedans de l'enceinte, le sentier se développe en lacet, avec une bordure de petites fenêtres carrées qui nous font visage de bois : toutes sont closes de planches de palmier grossièrement cousues ensemble à l'aide de lanières. Pas une figure humaine à ces fenêtres, pas une dans la rue. Nous marchons, nous battons en tous sens Goléah sans rencontrer d'autres êtres vivants qu'une douzaine de moineaux qui grattent le sol; un silence glacé plane sur la ville. « Les habitants, cheikh, où sont-ils? la ville semble déserte. — Les habitants? mais ignorez-vous donc que le rocher de Goléah n'est point une ville? c'est un refuge; ces cellules toutes fermées ne sont pas des maisons, ce sont des magasins où les nomades mettent en sûreté ce qu'ils possèdent; chaque famille a la sienne, mais ne l'habite qu'au moment des récoltes ou sous la menace de l'ennemi. »

Et tout en parlant, il nous ouvre un des volets à l'aide d'une grosse clef de bois : c'est l'entrée d'un trou noir, vraie caverne de troglodyte, creusée dans une veine tendre du rocher. Un chien de moyenne taille y tiendrait sans trop de gêne; mais ce chien, pour peu qu'il eût les instincts de la civilisation, n'accepterait qu'en rechignant une pareille niche, tant il y fait triste et noir. Le mobilier est à l'avenant du logis : une auge faite de cailloux agglutinés par de la terre et à demi pleine de dattes sèches. « Toutes les cellules, continue le cheikh, sont semblables à celle-ci. » Et de pareilles retraites suffisent à l'Arabe, soit aux jours d'attaque, soit au temps de récoltes! En vérité, l'Arabe a gardé les goûts simples de l'âge d'or.

Deux ou trois cellules ont leurs portes garnies de boue sur tout le pourtour : c'est une sorte de scellé, une défense morale. D'autres demeurent ouvertes et paraissent abandonnées. D'autres enfin sont des huttes à murs de terre, avec deux ou trois troncs de palmiers pourris qui jouent le rôle de solives et quelques pelletées de boue mal battue faisant office de terrasse. Le sentier serpente entre ces tanières, s'obstrue par intervalles sous les décombres, et devient si vague, si indécis, qu'on s'égare. Tout à coup on sent le sol qui oscille sous les pieds : on se croyait dans la rue, on s'est fourvoyé sur le toit de quelque masure dont le plafond fléchit et craque : ce qu'on croit être le sol s'effondre à chaque pas.

L'acropole possède deux mosquées qui appartiennent par leur plan à la vieille architecture arabe : des nefs où les croyants peuvent se ranger par files en regardant la Mecque ; mais ces mosquées sont à l'échelle des maisons. Les nefs ont un mètre et demi de largeur ; sous les arcades, je défie un homme de passer sans se plier en deux. L'exécution matérielle est surprenante de sauvagerie : les aplombs des murs rappellent ceux de la tour de Pise; et les arcades, construites en fer à cheval avec des côtes de palmier courbées en guise de cintres, donnent la mesure de la naïveté où les œuvres humaines peuvent atteindre.

Un instant, — un seul instant, — je me suis cru en face d'une œuvre d'art. Sur une paroi de roc, j'aperçus une sculpture : un simple bandeau, mais d'un relief vigoureux et d'une austère beauté; on eût dit un soubassement étrusque taillé dans un rocher du désert. Vite une théorie! Déjà j'ai démêlé l'écheveau des influences qui se résument dans ce débris, et les conjectures ethnologiques vont leur train : quand, revenu au sang-froid, je dus convenir avec moi-même que mon soubassement antique n'est qu'un jeu de la nature, une cassure étrange, mais une simple cassure. Du moins l'illusion chez moi fut complète et la joie au comble : il était permis de se méprendre; d'autres peut-être éprouveront à leur tour l'illusion,

et je la leur souhaite presque, car rien ne
vaut le ravissement du voyageur lorsqu'il
croit retrouver les vieux titres de l'humanité
dans ces pays où tout le passé est mystère.

Ainsi, pas trace de monuments : Goléah n'en a d'autres que ses grands murs.
Nous les visitons en tous sens. Ils sont faits
de grosses pierres avec de la terre grasse en
guise de mortier, mais la hardiesse de leur
construction nous surprend; nous escala-
dons leurs sommets, et nous découvrons de
là un tableau qui nous fascine. Au lointain,
des dunes : une vraie mer de dunes; à nos
pieds, une oasis qu'on voit d'assez près pour
en saisir les grands traits et d'assez loin pour
la croire prospère : on distingue les moindres masures de la plaine; le regard plonge
dans les jardins de palmiers à feuillage noi-
râtre que leur mur de terre jaune cerne d'un
trait ferme et net; ces petits carrés d'orge,
dont le vert nous charmait ce matin, tranchent sur le sol de sable doré en un ton

d'émeraude si franc, si transparent, qu'une reproduction peinte en paraîtrait invraisemblable : on dirait une immense carte dont un vernis trop brillant fausse les couleurs à force de les aviver. Quelle belle lumière! Mais lorsque vous songez qu'à part une trentaine de cabanes groupées là devant vous, sur cinquante lieues à la ronde vous ne rencontreriez pas une maison, pas un hutte, le froid vous prend.

Et puis il faut que dans ce malheureux pays la vue finisse par tomber sur des ruines : moitié des jardins sont abandonnés. Les canaux d'arrosage sont à sec, on sent que Goléah est une oasis qui se meurt : « Ah! me dit le cheikh, Goléah fut autrefois plus grand! il appartenait alors au Maroc, il a refusé l'impôt, et un sultan de Fez l'occupa pendant trois ans; ce fut sa perte. Depuis ce jour, la bénédiction s'est retirée. — Quand eut lieu ce ravage? — Autrefois (bekrî). » — C'est la seule manière pour les Arabes de dater un fait. — « Et cette autre ruine, cheikh, ce monceau de décombres que nous apercevons au loin sur le sommet d'un pic? — C'est ce qui reste d'un village rival que nos pères ont détruit. » — Toujours la destruction !

« C'était il y a bien longtemps, continue-t-il, longtemps même avant les Arabes. Un habitant de Goléah prit femme dans le village dont vous voyez les restes, et par sa femme il sut qu'à tel jour de grande fête les habitants descendraient dans la plaine pour prier : surprise et massacre. De ce jour le village a cessé d'exister. — Et quelle était l'origine de ces rivalités? — Bekri ! » Cela se passait autrefois : du moins ressort-il de ce récit que les rivalités de tribus furent de tout temps l'histoire du désert. — A présent l'emplacement du village n'est plus marqué que par une petite mosquée à peine entretenue, et des vestiges de cellules troglodytes, pareilles à celles de Goléah.

Il est dix heures : déjà le soleil brûle; nous rentrons au camp, où le cheikh nous accompagne. Il nous annonce pour le soir une seconde diffa, et, sans plus de façons, s'étend sur le sable du camp et fait un somme. C'est plaisir de le voir se rouler dans le manteau rouge du commandement comme dans un vulgaire burnous, s'encapuchonner dans son haïk blanc, et ronfler la tête à l'ombre, le ventre dans le sable et les jambes au soleil : on se croirait au Vaudeville.

Huit heures du soir.

Comme hier, la diffa se fait attendre; mais cette fois la glace est rompue, j'espère bien faire parler le cheikh et sur les races humaines et sur les coutumes locales : « Vous nous avez dit, cheikh, que la dispute des gens de Goléah et du village en ruine remonte plus loin que l'arrivée des Arabes : qu'était-ce alors que la population du pays? le sait-on? Cette vieille population a-t-elle laissé des traces? — Oui certes, nous les appelons les Zennata; ce sont eux, eux seuls qui habitent les maisons de l'oasis: nous, Arabes, nous vivons sous la tente, nous leur faisons leur part dans nos récoltes de dattes, et à ce prix ils soignent nos palmiers : Arabes et Zennata sont deux races bien distinctes. » En entendant ainsi parler le cheikh, je songe à ces figures longues, ternes de couleur et d'expression, qui m'ont si vivement frappé à l'arrivée; et pour me fixer sans plus attendre : « Ces Zennata, sont-ils blancs comme les Arabes, ou noirs comme les gens du Soudan? — Ni l'un ni l'autre. Tenez, ajoute-t-il, en voici un! » Et il me montre mon voisin de table, un nommé Ceuïder. — Tout juste, voilà les Zennata découverts. Ah! l'échantillon que j'ai à ma droite est séduisant, je vous jure : un grand homme sec et roide, au teint enfumé et dont le front se termine en pointe.

Tous ses congénères lui ressemblent plus ou moins, la race est abâtardie et ne conserve guère, en fait de qualités intellectuelles, qu'une prodigieuse mémoire : tel Zennati, qui a entendu deux fois le Koran, vous le récitera tout entier sans y rien comprendre. Autrefois, pourtant, ils produisirent de grandes choses : « Ce sont eux, continue le cheikh, qui ont bâti la forteresse de Goléah. — Quand? — Je l'ignore : tout ce que nos pères nous ont appris, c'est que les Zennata possédaient le pays avant nous; nous les avons refoulés. — Cette race des Zennata, est-elle spéciale à Goléah? — Non, vous la retrouveriez dans le Touât et jusqu'au Gourara. » Et à ce propos Couïder nous conte que, tout Zennati qu'il soit, il ne descend pas des vieux habitants de Goléah : ses ancêtres, il y a cinq générations, ont été chassés du Gourara par une famine, et sont venus s'établir ici, au milieu d'hommes de même race. — « Ainsi, cheikh, les Zennata, sauf exceptions, sont une population conquise : vous alliez-vous avec eux? » — Et le cheikh, sans peut-être s'en douter, me fait à titre de réponse toute une théorie de l'abaissement de la race : « — Un Arabe, me dit-il, prend s'il le veut des femmes chez les Zennata; mais un Arabe donner sa fille à un Zennati, jamais! les Zennata se marient entre eux, et on les enterre à part. — Épousent-ils plusieurs femmes? — Ils ne sont pas assez riches. — Pratiquent-ils l'islamisme? — Comme nous. — Quelle est leur langue? — L'arabe, comme la nôtre. — Possèdent-ils des terres à Goléah? — Assurément. Le sol même sur lequel est plantée votre tente est la propriété d'un Zennati : il ne la cultive pas, il est trop pauvre, mais ce sol est à lui, et nul autre n'a droit d'en disposer. — Sont-ils nombreux? — Trente (bien entendu, les femmes ne se comptent pas). — Et les Arabes? — Je ne les ai pas chiffré. » — Ici je m'arrête court, et tout le monde se regarde avec un air d'embarras : je viens de commettre une faute et d'éveiller la défiance chez le cheikh : il m'a cru en quête du chiffre pour quelque assiette d'impôt. Je tâche de ramener la conversation sur le terrain des banalités indifférentes, heureux toutefois d'avoir fait avec les Zennata un commencement de connaissance. Plus tard, je retrouverai dans l'Oued-Rir les mêmes hommes gardant encore un idiome à part; mais ici, perdus, noyés pour ainsi dire dans la foule des Arabes, ils en ont pris la langue en même temps qu'ils en adoptaient le culte.

Voilà donc une famille humaine qui vit isolée et tranche par ses caractères de race, aussi bien que par ses instincts sédentaires, au milieu d'une population de nomades : des gens convertis aux dogmes et à la langue, mais non point aux mœurs des Arabes, et qui gardent jusque dans leurs alliances et leur mode de sépulture l'empreinte d'une différence d'origine. Ces derniers représentants des vieilles civilisations du Sahara ont cherché, sur ce rocher que les sources voisines rendaient habitable, un dernier asile contre les envahisseurs. C'est en petit l'histoire des Celtes réfugiés sur les promontoires de la Bretagne, de la famille kabyle retirée derrière les montagnes du Jurgura, de la secte mozabite retranchée dans les réduits de ses ravins rocheux. « Vous les verrez de plus près, me dit le cheikh, et dès demain je vous ferai visiter leurs maisons. » — Et le cheikh Brick nous quitte sur cette obligeante promesse.

# XXIII

## L'HABITATION DES INDIGÈNES.
## LES NÈGRES ET L'ESCLAVAGE.

Les maisons des indigènes occupent la plaine au pied de la forteresse. Toutes sont bâties en terre jaune avec une toiture plate, faite de troncs de palmier supportant une épaisse couche de limon qui protège, selon les saisons, contre le froid ou la chaleur. Le palmier est le plus misérable de tous les bois : il se fend, il se casse, on ose à peine en faire des poutres de deux mètres; les chambres n'excèdent jamais cette largeur, mais elles sont longues, éternellement longues. Et basses, et sombres! des cachots, avec des portes où l'on ne passe qu'en rampant et qui ressemblent à des chatières.

La première maison où le cheikh nous mène est celle de notre ami Couïder, le plus riche des Zennata, le Grand, comme ils l'appellent, et qui, tout étranger qu'il soit à la famille arabe, a sa voix dans le conseil de la tribu des Chambâ-Mouhadi.

Le cheikh frappe, Couïder en personne vient ouvrir, nous tend la main et nous invite à franchir la chatière : nous la traversons sur nos genoux et nous relevons dans une basse-cour étroite où un enfant joue avec des chèvres. Les chèvres ont peur, l'enfant aussi : les chèvres se réfugient dans de petites niches, et l'enfant dans un coin. Vêtu de deux chiffons assemblés sur l'épaule, il se tient là, immobile, le dos au mur, la tête baissée, nous regardant en dessous d'un air naïf et surpris. Sur sa tête à demi rasée pousse une mèche crépue où des mouches noires se rassemblent en essaim; on les voit voler autour de sa petite tête, se poser sur ses yeux, sur ses lèvres, sans qu'il songe même à les chasser.

Nos caresses le rassurent, il lève les yeux, et un collier de perles en verroterie lui fait jeter un cri de joie.

Nous franchissons une seconde porte, qui nous introduit dans une seconde cour dont la jouissance, à ce que m'explique Couïder, est partagée entre les poules et les gens : gens et poules à notre approche prennent l'alarme; les poules se blottissent, et nous ne voyons en fait d'habitants que le pan bleu indigo d'une robe de femme qui disparaît dans un cabinet noir; on entend de petits cris, un rire étouffé, et, par un trou du mur, on voit briller deux yeux.

La cour, habitation ordinaire de la famille, contient le métier à tisser, un large banc en terre où l'on prie, où l'on dort et dont le dessous sert de réduit aux poules. Tout alentour sont des cellules où l'on se retire soit pendant les nuits froides, soit aux heures brûlantes du jour. L'une de ces cellules nous est ouverte : l'aspect en est assez propre.

Une couverture de laine blanche étendue sur le sol fait office de tapis; au mur pend une planchette où fut écrit jadis un verset du Koran; et l'extrémité de la pièce est occupée par une auge en terre, où je distingue trois plateaux à couscouss et un tambour crevé. Couïder nous offre une place sur le tapis : on s'assied, on se regarde, on se retire, et je prie le cheikh de me conduire à l'habitation de quelque Zennati de condition plus modeste. Le logement presque humain de Couïder n'est qu'une exception, je le crains; et que m'importe d'y trouver un peu de bien-être si le gros de la population souffre? Ce qui m'intéresse, c'est la situation moyenne de l'humanité au Sahara. J'aime à voir comment se loge l'homme obscur dont personne ne parle, et qui représente la masse. La façon dont il aménage son séjour nous dira ses instincts, ses goûts, le respect qu'il a de lui-même. « Tenez, cheikh, voici au hasard une maison, faites-la-moi visiter s'il se peut. »

A la demande du cheikh, le maître nous laisse librement circuler. Sa maison, heureusement, diffère moins que je ne l'avais craint de celle du riche Couïder; elle est conçue dans le même esprit, mais la cour est unique : bêtes et gens y vivent pêle-mêle pendant les grandes chaleurs. L'entrée est barrée par un mur de deux pieds et demi qu'on enjambe comme on peut; et tout l'appartement se réduit à une chambre longue, terminée par un petit magasin où le Zennati serre ses provisions. Le mobilier se résume en une cruche et une écuelle. Je demande si l'habitant de cette maison en est propriétaire, et la question n'est même pas comprise : on n'imagine point en ce pays qu'une maison puisse appartenir à un autre que celui qui l'habite; l'idée de location est inconnue : on a sa maison, on y passe sa vie et l'on y meurt. Mais ce que le maître du logis comprend moins encore que nos questions, c'est l'objet de notre visite domiciliaire : ses yeux sont effarés; il nous suit d'un air piteux, sans dire mot et tout tremblant. Je le rassure comme je peux, et le quitte en le complimentant du bon ordre qui règne chez lui. L'ordre, hélas! est facile à mettre lorsqu'on n'a rien à ranger : mais, à tout prendre, la maison est loin d'avoir un aspect repoussant; c'est la misère, soit, ce n'est pas l'abjection.

Nous continuons la tournée. Qui a visité deux maisons de Goléah les connaît toutes. Le cheikh Brick veut, je pense, nous les faire toutes passer en revue; et à chaque maison, il s'empare de la clef du réduit aux provisions, et la garde. — A notre tour de ne rien comprendre : puis nous reconnaissons là une vexation dont nous sommes innocemment la cause. Le cheikh a réclamé pour nous des provisions moyennant payement, et les indigènes ont refusé net. A présent qu'il tient les clefs, il saura bien mettre les gens à la raison : procédé tout oriental, dont nous le remercions, sans vouloir toutefois en profiter.

Notre dernière visite est pour un nègre affranchi, devenu à son tour propriétaire. Le noir, différent en cela des Zennata, nous introduit gaiement, sans arrière-pensée, tout fier de nous faire voir qu'après Couïder il est le plus riche de l'oasis. Sa maison témoigne d'une véritable aisance. Deux cours, et dans la seconde il nous montre de belles courges, des couffins de dattes, des navets qui sèchent sur l'aire. — Tout cela, nous dit-il, est à moi; voilà des biens dont je ne suis que dépositaire. Et en parlant ainsi il nous montre sous un abri des paquets empilés, des tas de sacs en poil de chameau remplis de marchandises. Tel Arabe lui a confié son grain à garder en son absence; tel autre, ses dattes ou sa laine. On choisit de préférence à tout autre le négro comme dépositaire; on croit donc à sa probité? et cette réputation si généralement faite aux noirs d'être plus voleurs que des pies me semble mal fondée et injuste : on attribue à leur nature un défaut que leur condition

seule d'infériorité et de misère développe
en eux, et qui cesse heureusement avec
elle.

Midi.

A peine suis-je de retour au camp, j'entends
autour de nous des cris lamentables : « Au
nom de Dieu, rassasie-nous! » C'est un
groupe d'esclaves nègres affamés qui viennent implorer notre pitié. Debout, noirs sous
les lambeaux blancs de leurs haïks, maigres et
décharnés, ils semblent des momies vivantes.
Plus loin, un autre groupe emploie pour nous
toucher un moyen un peu différent : ils dansent, et la danse frénétique de ces affamés
est, s'il se peut, une expression plus déchirante encore de la misère. Ils s'agitent avec
rage, sourient en grimaçant, et frappent à
chaque bond des coups de poing désespérés
sur ces petits tambours dont le roulement a
salué notre entrée. Quelques fragments de
biscuit nous font de ces malheureux autant

d'amis : tous accourent, en grignotant le biscuit de leurs dents blanches, s'accroupir en rond autour de nous. Survient un Zennati libre, les esclaves se dérangent un peu, rien que pour le principe. Deux ou trois se lèvent, les autres se contentent de se retirer en seconde ligne, et continuent de nous épier avec une curiosité naïve, mais sans défiance : ils devinent que nos sympathies sont pour eux. On cause, et sans façon on cause d'esclavage : chacun des nègres explique en mauvais arabe le lieu de sa naissance : presque tous sont originaires du lac Tchâd et ont été vendus par les Touaregs : « Moi, ajoute l'un d'eux avec un sentiment d'orgueil, moi, j'ai été payé quatre-vingts douros au Targui qui m'a vendu : une négresse n'eût guère coûté davantage. » Quatre-vingts douros font quatre cents francs; il est bon de savoir qu'un chameau vaut de quarante à cinquante douros.

En ce moment, un Arabe vient prendre

place au groupe; son bras en écharpe nous fait songer au blessé de la fantasia : c'est lui-même. Dès qu'il se montre, un noir du cercle se lève et disparaît. « Il est à toi, cet esclave qui se lève et s'éloigne? — Oui. — En es-tu content? — Non : tout à l'heure il m'a dit qu'il voulait me quitter pour vous suivre. — Et s'il te quittait? — Je mourrais. — Tu mourrais? — Oui; qui donc tirerait de l'eau pour arroser mon jardin? — Hé! toi-même! » — Notre homme prend la réponse pour une plaisanterie, peu s'en faut qu'il n'y voie une impertinence; je continue pourtant : « Lorsqu'il te désobéit, ton nègre, que fais-tu? — Je le bats tant, qu'il faut bien qu'il travaille : c'est la règle, on les bat jusqu'à ce qu'ils soient sur le point de mourir; mais, ajoute-t-il en relevant la tête comme pour faire profession de quelque haute doctrine humanitaire — mais on ne les tue pas! »

« — On ne les tue pas, interrompt un Zennati : moi, je vis avec mon esclave comme un frère ; ma journée se passe à tirer de l'eau avec lui ; je suis pauvre et n'ai pour nourriture qu'une poignée de dattes et un peu d'herbe ; mais il les partage avec moi ; et si je mourais, il pleurerait. »

Ne croyez pas d'ailleurs l'esclave nègre entièrement privé de famille : on lui achète une négresse, « sinon il s'enfuirait ».

C'est même une œuvre pieuse de l'affranchir ; et à ce propos je recueille une profession de foi qui bouleverse chez moi toutes les idées sur l'esclavage musulman : « Affranchir un esclave, me dit un des hommes du cercle, c'est pour un riche musulman un acte méritoire : voici. On achète le nègre à Ghadamès où il est païen ; on en fait un bon musulman ; puis on lui donne un peu de bien, des palmiers, du bétail ; on le marie, on l'affranchit enfin, et Dieu rend dans le ciel ce qui a été donné à l'esclave. » Traduisons l'idée en langage européen : les services de l'esclave ne sont aux yeux du maître qu'une juste indemnité des sacrifices qu'il s'impose pour l'initier à la loi du Prophète.

A vrai dire, l'exposé de principes n'a pas dans la bouche de mon Goléen cette forme abstraite et dogmatique : il faut à ces intelligences simples des images, des exemples; et l'allure du dialogue est à peu près celle-ci :

« Ahmed a acheté un esclave, lui a enseigné la prière et l'a fait libre : Ahmed a vécu de longs jours. Brahim a acheté un esclave, lui a enseigné la prière et l'a fait libre : Brahim a vécu de longs jours.

« — Ainsi donc, acheter un esclave et le rendre libre est une bonne action, qui compte pour le ciel?

« — Bonne entre toutes. Dieu n'oublie point le riche croyant qui donne la liberté à son esclave.

« — Et toi, qui as un esclave, lui donneras-tu la sienne, pour que Dieu songe à to à ton tour?

« — Ah! moi, reprend mon docteur

musulman avec un air de tartuferie adorable, ah! moi, je ne suis pas assez riche! » — Comme quoi, dans l'islamisme même, il y a loin des principes à la pratique. Mais heureusement j'ai trouvé ce matin, dans ma visite domiciliaire chez le nègre affranchi, la preuve que l'islamisme n'est pas sur ce point lettre morte pour tous.

D'ailleurs, fût-elle pour tous une doctrine purement spéculative, il me semble que cette doctrine de l'affranchissement au nom du ciel contient le gage d'un sort moins rude, et que l'islamisme est en somme une demi-protestation en faveur de la liberté humaine. Nous jugeons sur la foi d'une équivoque, et nous attachons à l'idée d'esclavage cette impression d'horreur que nous ont trop justement laissée les souvenirs de Rome. Je ne veux point me constituer l'avocat de la traite au désert; mais, reconnaissons-le, ce serait faire injure à l'islamisme que de juger l'esclavage musulman sur ces tristes exemples.

# XXIV

**ENCORE DES NÈGRES.**

**20 février, huit heures du soir.**

Couïder, le Zennati dont nous avons visité
la maison, Couïder, le Grand des Zennata
et conseiller municipal chez les Chambâ,
Couïder enfin, veut à son tour nous offrir la
diffa : je le lui pardonne en faveur de ses
intentions d'abord, et aussi parce qu'il
m'instruit. Grâce à ses explications, je commence à deviner le fonctionnement de cette
société toute primitive, composée de con-
quérants, d'une vieille population soumise,
et d'esclaves : le régime est fort simple.

Les Zennata possèdent peu, ils louent leurs
services : le payement d'un Zennati serait de
quatre-vingts hadia de dattes par an : cinq

hectolitres de dattes représentent donc la solde annuelle d'un homme libre.

Quant aux esclaves, bien entendu, ils ne reçoivent que leurs vivres : « Mais dites-moi, Couïder, peuvent-ils posséder avant d'être affranchis? Hier j'ai donné quelque monnaie à l'un d'eux qui aidait à ferrer nos chevaux; son maître va-t-il la lui saisir? — Point du tout, nous tolérons qu'un esclave ait son boursicaut, dont il achète les futilités qui l'amusent : un tambour, un collier de coquilles pour sa femme. — Et des terres, peut-il en acquérir? — Cela est sans exemple. — Sa liberté, a-t-il le droit de la racheter? » Cette fois je m'aperçois à la mine de mon interlocuteur qu'il commence à me prendre pour un fou.

21 février.

Aujourd'hui nous verrons les nègres de plus près encore : ils vont défiler un à un devant le docteur, qui les soumet l'un après l'autre à l'analyse anthropologique; ses appareils articulés, qui brillent comme des armes, les font trembler un peu, mais ses cadeaux les rassurent vite et les apprivoisent : ces pauvres nègres ont en nous une confiance instinctive.

Le premier qui se présente est un jeune homme à figure ouverte et vive, nommé Barek. « Barek, où es-tu né? — Au Soudan. — Peux-tu nous dire quelque chose de ton pays? — Non : quand on m'a vendu, j'étais haut comme le coude. Je voudrais partir avec toi. Vois, mon maître me frappe (il montre une grosse plaie); mon maître ne veut pas me donner une négresse; que son père soit brûlé! » — On lui offre un miroir, il rit d'une oreille à l'autre : « Qu'y vois-tu? — J'y vois Barek. » Depuis, j'eus l'occasion d'entretenir le propriétaire de l'esclave de ces blessures qui témoignent de sa brutalité : « Il se les était faites, me dit-il, pour émouvoir votre compassion. » — Cela me paraît bien raffiné.

Salem, le deuxième nègre de notre défilé, est plus grave que Barek, et tout aussi peu au fait de son pays, quoiqu'il l'ait quitté moins jeune : ce qu'il se rappelle, c'est qu'il gardait dans les prairies les bœufs de son père, lorsque des marchands l'ont enlevé. On lui donne à lui aussi un miroir de deux sous : « Qu'y vois-tu? » Le bon nègre, qui de sa vie n'eut l'occasion de se regarder dans un miroir, ne se doute pas de sa propre figure : il distingue du moins des traits de famille, et c'est l'image de son père qu'il reconnaît dans la glace : « Mon père! » s'écrie-t-il en souriant avec plus de surprise que d'émotion. Voilà une créature humaine pour qui l'image d'un père encore vivant ne sera jamais qu'un souvenir; et il ne fond pas en larmes à cette déchirante évocation de la famille! Prêtez à l'Européen cette naïveté, cette enfantine illusion, et je gage bien qu'elle ne se traduira pas chez lui par un sourire. Cette indifférence est

heureuse, à tout prendre : car que devien-
draient s'ils s'impressionnaient comme nous
ces malheureux pour qui tout est si triste? La
douleur morale, lorsqu'elle ne tue pas l'âme,
lui donne je ne sais quelle sérénité charmante que les gens qui n'ont pas souffert
prennent pour la gaieté et le vulgaire pour
l'indifférence : il y a de cette gaieté résignée
chez l'esclave nègre. Et puis je crois que le
nègre a les sentiments de famille peu déve-
loppés : quand je demande à un esclave
comment il s'appelle, il me dit quelque
nom comme Salem ou Barek. — « Barek
fils de qui? » — Régulièrement le nègre
me donnera pour réponse le nom de son
maître. Affligeante confusion! la famille
n'existe chez aucune des populations indigènes de l'Afrique : ses affections s'émous-
sent là où règne la polygamie, elles cessent
dès que commence la servitude. Le jeune
Arabe traite de haut sa mère, et pour son
père il n'a que de la crainte; le nègre con-

fond son père avec le maître qui le bat et l'exploite.

Troisième nègre. — J'ignore son nom : c'est un squelette ambulant, un homme desséché tel qu'on en trouve en Égypte dans les tombes, avec sa face flétrie et son linceul blanc. « Hé! de quoi vis-tu pour être si maigre? — Ne m'as-tu pas rencontré hier à la fontaine? je buvais de l'eau. Six jours sur sept, c'est là mon unique aliment. » Faisons la part de l'exagération : le nègre vit mal, sa mine le dit assez; mais son maître vit-il bien mieux? Certes le Zennati qui possède un esclave ne mange pas lui-même à toutes les fêtes une galette cuite sous la cendre.

Tout en causant, la momie se pose sous la toise du docteur; soudain un violent coup d'épaule soulève la portière et laisse voir un Zennati écumant de rage : le Zennati ne fait qu'apparaître, dit un seul mot, puis s'éclipse; et ce mot est : « Ils te mangeront! » — Le nigaud s'imagine que nous prenons les esclaves un à un pour les endoctriner et les soustraire à leurs maîtres. Nous laissons le Zennati à ses fureurs, et nous passons à d'autres nègres.

Je ne m'arrêterai pas à les décrire : plusieurs m'ont paru insignifiants, c'est-à-dire que je ne suis pas arrivé à les comprendre : je les ai vus trop en passant : mais s'il faut un portrait pour assembler ces traits épars du caractère soudanien, j'ai devant moi, dans ma caravane, un nègre que je crois avoir bien saisi. Il est né à Laghouat, c'est vrai ; mais il est franchement Soudanien d'origine; et je ne résiste pas au plaisir de le faire connaître :

Lakhdar (c'est son nom) a le teint entièrement noir, les lèvres épaisses, une physionomie adorable d'honnêteté naïve. On lit sur ses gros traits la probité des vieux âges; et l'étrangeté de sa figure prête un charme original à cette expression franche de la candeur morale : on est ravi de découvrir sous cette figure noire tant de délicatesse et des sentiments si humains. Lakhdar eut des débuts difficiles, mais heureusement il a des goûts modestes. Trop pauvre pour s'acheter une femme dans les tribus où la rigidité morale est de mise, il a pris la sienne chez les Ouled-Naïl, et, paraît-il, s'en trouve bien. Depuis, avec de l'ordre, il est devenu riche : c'est le plus à l'aise de nos Laghouati ; seul nous avons pu, en l'enrôlant, le dispenser d'une caution : ses biens nous répondaient de lui.

Tout d'abord, j'ai cru son intelligence plus bornée qu'elle ne l'est en effet ; mais il avait tant de bon vouloir ! Son premier rôle fut de porter nos instruments et de consolider les signaux en amassant des cailloux à leur pied ; mais il construisait ses tas de cailloux avec une conscience, avec une joie d'enfant ! Pendant plusieurs jours ce rôle modeste lui suffit, puis il brigua l'honneur de porter lui aussi des mitres : cette pensée ambitieuse est, je crois, la seule qui ait jamais traversé sa tête.

Joignez à cela que Lakhdar est honnête jusqu'au scrupule, religieux sans mise en scène et sans fanatisme ; et, ce qui me semble le meilleur signe d'une nature délicate, il sent les attentions qu'on a pour lui. A l'heure de la prière, je lui laisse suspendre ses fonctions, et cela le touche profondément. Mais voici le jour où Lakhdar m'a paru le plus beau :

Nous avions désigné des hommes de corvée pour fouiller une vieille sépulture. Lakhdar se trouvait du nombre. Il était là, retournant d'un air piteux sa pioche entre ses deux mains, hésitant entre le devoir d'obéir et la crainte de commettre un acte coupable. Jamais je ne vis la gêne de la conscience se marquer en traits plus expressifs que sur sa bonne figure noire. J'eus pitié de son embarras et compris que pour ouvrir des tombeaux il valait mieux s'adresser ailleurs : je lui trouvai une autre occupation; la joie et la reconnaissance glissèrent sur ses grosses lèvres comme un sourire vraiment céleste.

Tel est Lakhdar; et plus je vois les nègres de près, plus je me convaincs que tous répondent plus ou moins à ce type moral. N'attendons pas d'eux les grandes qualités, ce qui brille, ce qui frappe : leurs vertus sont plus modestes, plus honnêtes. Laborieux, doués au plus haut point de l'esprit d'ordre, d'épargne et de travail, ils ne sont faits que pour les second rôles; mais personne n'est à l'égal des nègres capable de les remplir. Sur le terrain du progrès, ils ne prendront jamais les devants, mais ils suivront avec conscience et méthode : race, à tout prendre, bien supérieure à sa condition actuelle, et qui aura son avenir le jour où elle cessera d'être opprimée.

# XXV

## L'OASIS.

C'est une délicieuse impression que celle de la sécurité, et nulle part je ne l'ai ressentie plus vivement qu'au milieu de Goléah : la population sédentaire nous est franchement sympathique. Elle nous laisse circuler, observer, dessiner. Les appareils même d'astronomie, qui d'ordinaire effarouchent les indigènes, ne portent ici nul ombrage : nous visons le soleil à toutes les heures du jour sans que personne s'alarme ou nous inquiète. Loin de nous inquiéter, on nous salue ; et nous sentons si bien qu'on nous traite comme des hôtes, que nous croirions marquer une défiance blessante en nous montrant armés dans l'oasis. Aujourd'hui, chacun de nous se promène de son côté avec une canne en palmier pour toute défense : un revolver n'est pas plus nécessaire pour parcourir les jardins de Goléah, que pour faire, en plein midi, une promenade dans les bois de Meudon. Quel progrès depuis le jour où les gens de Goléah firent à M. Duveyrier un si terrible accueil!

Ma première rencontre est celle d'un indigène qui répare la clôture de son jardin. Je m'installe auprès de lui, et j'assiste à des procédés qui sont en vérité bien primitifs. L'ouvrier n'a d'autre outil que ses mains : il pétrit des mottes de terre et les empile, à demi sèches, les unes sur les autres : ces mottes, par une bizarrerie que je n'ai retrouvée nulle part ailleurs, sont triangulaires, et celles qui forment la dernière assise se découpent en dentelures sur le ciel. Le mur est une défense contre les vols, sans doute : mais avant tout il sert à dérober aux passants les femmes qui travaillent sans voiles et qui sont ici, comme dans tout le monde musulman, des manœuvres au service de leurs maris. C'est, en plein Sahara, la vie orientale entourée de ses défiances et de ses mystères. Souvent le mur est trop bas pour arrêter les regards indiscrets : alors, sur la crête, des rameaux de palmier font une haie, un rideau qui demeure impénétrable tant que les rameaux restent frais et le mur debout.

A voir cette industrie si rudimentaire, je m'explique qu'en ce pays la distinction des métiers n'existe pas : on est tour à tour son maçon et son charpentier ; et tout à l'heure, l'homme aux mottes triangulaires, devenu de maçon jardinier, va s'accrocher au balancier d'un puits et tirer de l'eau pour faire pousser des dattes.

En ce moment j'ai sous les yeux un de ces puits d'arrosage. Deux hommes y travaillent à la fois, un Zennati couleur de suie, et son esclave, tout noir. Ils ont les pieds à fleur d'eau, et l'on n'aperçoit au-dessus du sol que le haut de leur corps qui se plie et se redresse tour à tour; leurs bras secs s'allongent et se contractent le long d'une corde d'écorce de palmier qui dégoutte. Le balancier oscille en craquant; un négrillon est là qui le suit d'un regard hébété : moi aussi je le contemple, j'en écoute les grincements; je m'éternise à regarder l'eau qui sort du puits, se déverse des outres et fuit dans la rigole. Que c'est beau, de l'eau qui coule, de l'eau vive et gaie qui scintille en clapotant à la lumière! Il y a dans ce miroitement de l'eau, comme dans les reflets verts du champ d'orge, je ne sais quel charme éternellement impénétrable à qui n'a point vécu de la vie du désert. Il faut avoir, trente jours entiers, souffert la soif au grand soleil, pour s'extasier ainsi devant quatre gouttes d'eau. Cela vous paraît pastoralement naïf, peut-être : eh bien, il me semble, moi, que rendu à la vie civilisée, je ne pourrai rencontrer un ruisseau sans saluer, ni traverser un pont sans m'arrêter, au grand scandale des passants, pour contempler dans la joie de mon âme le tournoiement de l'eau qui fait des ronds. — Mais pourquoi faut-il que cette eau de l'oasis soit si fraîche? Après l'extase vient l'envie effrénée de se désaltérer; et par une température torride, cette fantaisie peut coûter cher : le plus sûr est de fuir, ou bien la fièvre est là. Je fuis donc, et m'efforce d'oublier l'eau en parcourant les cultures, où tout d'ailleurs en réveille l'idée, car les cultures ne vivent que par elle.

C'est tout un art que l'aménagement de l'eau dans une oasis. L'eau, qu'il faut tirer à bras d'hommes, est précieuse : on l'épargne, on la fait resservir et resservir encore, on la multiplie.

Le champ est partagé en petits comparti-ments, sortes de plates-bandes bordées sur

leurs quatre rives d'un bourrelet de terre :
ce sont autant de bassins alimentés par une
rigole : la rigole débouche dans le premier
bassin et l'emplit; puis, par une brèche, on
fait passer l'eau dans un second bassin, et
ainsi de suite : chaque plate-bande a son
tour. Versez la même eau sur le champ tout
entier, le soleil la boira d'un trait; passant
tour à tour de carré en carré, elle s'évapore
moins, imprègne le sol et fait verdir l'herbe.

Un puits artésien coule au milieu de
Goléah, un seul : les indigènes ont perdu le
secret de forer ces puits, dont le creusement
serait un jeu pour nous, et qui épargneraient
à des êtres humains ce travail de machine
de tirer une corde, de là tirer encore, et
d'user leur vie sans qu'on puisse résumer
leur existence par une autre formule que
celle-ci : « Ils ont tiré une corde. » — Autrefois le sous-sol de l'oasis était coupé de longues tranchées couvertes qui recueillaient
les eaux souterraines pour ajouter au débit

des puits : aujourd'hui tout se délabre, l'eau tarit, les champs restent en friche.

Et le progrès du mal se fait sentir d'année en année. Je traverse un champ encore disposé pour l'arrosage, avec les petits bourrelets de terre qui le partagent en plates-bandes, avec les rigoles qui font communiquer les plates-bandes soit entre elles, soit avec les puits : mais les rigoles sont à sec, le balancier qui servait à tirer l'eau tombe en pourriture, le champ n'est plus qu'un carré de terre aride et jaune : et cela en pleine oasis, au pied même de la forteresse.

Tout est ruine à Goléah. Un cimetière sans rapport avec le village actuel cerne l'oasis comme d'une lugubre enceinte et témoigne d'une population décuple; les places des morts y sont marquées par des buttes qui s'effondrent et par des tessons de poterie; quelques tombeaux de saints, petites chapelles surmontées de dômes à demi écroulés, se dressent comme des huttes au milieu des tombes : la population s'éteint ; et, de quelque côté qu'on se tourne, la vue s'arrête sur les vestiges d'un passé qui, sans être la splendeur, était loin de la misère présente. Sous nos climats du Nord, un tel spectacle de désolation imprimerait l'horreur : mais les ruines se dépouillent de leur tristesse lorsque le soleil les anime ; et le ciel du désert, en leur prêtant l'éclat de la couleur, leur rend une sorte de jeunesse et de vie.

# XXVI

## L'INSTRUCTION ET LE KORAN.
### ANNIVERSAIRE DE LA NAISSANCE DU PROPHÈTE.

Goléah, jadis, possédait une petite université dont je me fais l'idée d'après ce que j'ai vu dans les oasis de l'Ouëd-Rîr. Un maître d'école en haillons, accroupi dans une mosquée, écoute au frais les braillements d'une douzaine de gamins qui se tiennent dehors et déchiffrent en chœur un verset de Koran. Les marmots ont le regard vaguement fixé sur des planchettes gribouillées; sur l'une est écrite la quatrième sourate, sur l'autre c'est la cinquième, il n'importe. Le maître sort flegmatique de sa mosquée, prend une planchette et la brise sur la tête d'un gamin :

c'est ainsi que le Koran pénètre dans les intelligences. Les plus indociles apprennent à coups de cravache sur les doigts, sur les pieds : bref, ils apprennent. Voilà les écoles indigènes, voilà ce que Goléah put admirer en ses beaux jours. Aujourd'hui, rien de tout cela ne subsiste. A peine deux ou trois marabouts ignorants apprennent aux fils des Zennata et des Arabes ce qu'il faut savoir pour faire à peu près la prière et, tant bien que mal, gagner le ciel. Quelques fils des riches Arabes, me dit le cheikh, savent un peu lire, mais ils sont rares. — Et les filles? — Le cheikh me regarde en souriant d'un air de pitié : et je m'en tiens là sur le chapitre de l'instruction des filles.

22 février.

Nous dressons la carte de l'oasis, et nous avons à nos trousses toute une bande de curieux. Un de nos aides européens tire de sa poche, je ne sais à quel propos, un canif.

Grande surprise dans la bande des indigènes. Un d'entre eux, un jeune homme
d'assez bonne mine, demande à voir le mer-
veilleux instrument, l'Européen le lui passe.
Dix minutes s'écoulent, l'Européen réclame :
et le jeune homme, pour toute réponse,
ouvre de grands yeux qui simulent l'étonnement : « Mais tous vous êtes témoins qu'il
ne m'a rien rendu ? — Tu fais erreur, répond
gravement un indigène. — Est-ce que tu
l'as vu rendre ? — Non, mais le jeune homme
est marabout ! » — Il est marabout, donc
il ne peut voler. Vous êtes marabout, vous
êtes saint en dépit de vos actes ; volez des
canifs, tuez, mangez même du porc, tout
vous est permis, le Koran n'est pas fait pour
vous.

Au reste, en ce pays, je crains fort que
le Koran ne soit fait pour personne : l'islamisme est un drapeau, rien de plus. Il
n'existe pas un exemplaire du Koran à
Coléah, et les nomades en portent peu de

copies dans leurs campements; la loi de
Mahomet, ils l'ignorent, et ce qui la remplace
est un ramassis de traditions incohérentes,
de préceptes mesquins et de menues dévotions. L'islamisme de Syrie ou d'Asie Mineure
a sa beauté austère, un dogme abstrait et
simple, et des aspirations morales qui, malgré
leurs défaillances, ont l'élévation, la dignité
et la grandeur. Au Sahara, rien de tel : les
petites observances y étouffent la haute idée
dogmatique du Koran; on se met des amu-
lettes au cou, on en pend au poitrail de son
chameau, on est le serviteur religieux de
Tedjini ou des Ouled-Sidi-Cheikh, et l'on
porte un chapelet gris à cordon vert, ou bien
un chapelet jaune à cordon brun; on répète
le nom d'Allah trente-cinq fois ou quarante-
deux, et l'on n'en est ni plus religieux ni
plus honnête : c'est l'islamisme rapetissé,
rétréci, matérialisé au delà de ce qu'on
peut croire.

En ce moment, un de mes Chambâ de

Goléah se tient debout à l'entrée de ma tente;
son regard fixe me frappe. « Qu'as-tu donc?
lui dis-je. — Je suis perdu! Je rentre du pâturage où campe ma tribu : il faut que je te quitte,
ou je suis ruiné; c'est fait de moi, mes moutons meurent! — Tes moutons? Mais tu m'as
dit toi-même que tu n'as pour tout bien que
les deux chameaux que tu m'as loués. Reste
avec nous, je suis content de toi; serais-tu
mécontent? — Eh bien, je te dirai le vrai.
Voici. Ce ne sont pas mes moutons, c'est
(sauf ton respect), c'est ma femme qui se
meurt, et je suis triste. Si tu savais comme
elle faisait le couscouss! Et les burnous,
comme elle les tissait! Tiens, regarde mon
burnous, c'est son ouvrage : il est vieux et
troué, mais qu'il était bon! Ah! il m'en coû-
tera cher si elle meurt pour en acheter une
autre qui la vaille! — Tu n'en as qu'une?
— Hélas! ai-je le moyen d'en nourrir plus
d'une? Si elle meurt, je deviens veuf: ren-
voie-moi, je te prie, que je la soigne et que

je la sauve ! » — Le moyen de résister à des sentiments si tendres? La femme, pour un Arabe, vaut à proportion de ce qu'elle rapporte. Elle compte, sur la même ligne que les moutons, parmi les éléments de revenu, et sa condition est voisine de l'esclavage. Comme l'esclave, on l'achète, on lui fait rendre en travail le prix qu'elle a coûté, et, à tout prendre, entre l'esclave et l'épouse, la distinction n'est pas bien nette : dans les deux cas la femme est la propriété d'un maître qui se retranche dans sa dignité d'homme pour la commander et ne rien faire.

**Neuf heures du soir.**

Nous entendons du camp une musique lointaine où le tambour domine et qui rappelle assez le tic tac d'un vieux moulin. Par instants la cadence se presse, et le tambour n'est plus que l'accompagnement d'un concert de hurlements entrecoupés de détonations à faire peur. Nous nous dirigeons vers

le bruit, et le bruit nous mène droit au pays
des revenants. Un cimetière est le lieu de la
scène; le décor est une tombe de saint toute
blanche, avec des palmiers qui tendent sur
le ciel leurs rameaux noirs comme de grands
bras. Point d'autre lumière qu'un clair de
lune blafard. Des fantômes blancs à visage
noir se dressent au milieu des sépultures; et,
pour animer cette lugubre évocation, deux
tambours enragés font danser par quatre
dévots frénétiques une danse de sabbat. Les
fantômes glapissent, et les quatre démonia-
ques, ramassés sur eux-mêmes, agitent bras
et jambes comme s'ils ne tenaient pas à
terre; de temps à autre la lueur d'un coup
de feu jette au milieu de cette scène d'enfer
un éclat sinistre : on célèbre, paraît-il, la
naissance du Prophète.

Bientôt la danse prend un aspect nouveau. Deux rondes se forment, une ronde
d'hommes, une de femmes : on tourne lentement les mains enlacées, penchant le corps

à gauche, à droite, récitant une psalmodie traînante et lugubre que le chœur des hommes et le chœur des femmes se renvoient tour à tour et redisent ensemble. Ces chants sourds, cette cadence d'une monotonie sinistre, éveillent je ne sais quelle émotion religieuse d'une nature à part. Puis un calme soudain se fait : tous les visages se tournent vers la Mecque, les mains s'étendent comme pour soutenir un livre de prières, et un mot unique rompt le silence : « Salam ! » Ce salam, ce cri de salut émis à l'unisson à la limite de hauteur où la voix humaine peut atteindre, vibre à travers l'ombre comme un soupir tour à tour strident et étouffé qui se renforce, se prolonge, tremble, s'élargit et meurt, laissant au milieu du silence qui le suit une impression de vague terreur : chant étrange, fait d'une note unique; mélodie éteinte et voilée, immense et triste comme le désert qui pouvait seul l'inspirer.

Le salam prononcé, les fantômes vont un à un appliquer leur main sur le tombeau du saint; ils la portent respectueusement à leurs lèvres, et prennent le chemin d'un autre cimetière.

Je les suis de station en station, et à chaque fois le salam qui termine la danse sacrée me paraît plus profond, plus lugubre. Ce salut sublime préparé par un sabbat dans un cimetière, tant de dévergondage et de tristesse, de sauvagerie et de grandeur, nous produit l'effet d'un rêve lourd : nous rentrons au camp tout fascinés; et la vision se ravivera plus d'une fois lorsque, le soir, nous passerons sous les palmiers auprès des tombes.

# XXVII



23 février.

On ne peut rien savoir sur les distances
en ce maudit pays. Je veux reconnaître au
sud de Goléah certain passage de dune qui,
dit-on, est le dernier obstacle pour arriver
au Touât; et je pars avec quelques hommes,
presque sans vivres et sans eau, bien convaincu, sur la foi de mes guides, que je ren-
trerai pour souper au camp de Goléah. Je
marche à côté de mon cheval, comme pour
une promenade; et, au début, la promenade
est charmante.

A droite se développent de belles dunes,
égayées de broussailles d'un vert bleuâtre.
A gauche se dresse la falaise des grands pla-

teaux, dont les dernières pentes, toutes blanches d'une couche légère de plâtre cristallin, s'illuminent au soleil levant de transparentes lueurs. Les plis des ravins jettent sur cette poussière étincelante des ombres ocreuses et chaudes ; et tout ce qui nous entoure semble baigner dans une nappe de mirage où se reflètent les broussailles de la dune. Jamais le mirage ne nous apparut d'aussi près : nous avons des éclaireurs à trois cents pas de nous, et l'image retournée de leurs chameaux se peint au-dessous du sol aussi nettement que s'ils traversaient une eau calme : on dirait des animaux à deux corps, avec de longues jambes qui vont d'un corps à l'autre.

Tout le fond de la plaine, aux abords de Goléah, est presque à fleur d'eau : on y ferait une immense oasis ; ou plutôt on la referait, car autrefois l'oasis s'étendait à vingt-cinq kilomètres de Goléah : aujourd'hui, à une demi-lieue de la forteresse, le désert commence; et, par une de ces illusions qui font contraste, le sol boursouflé par la sécheresse conserve encore toutes les apparences d'une terre labourée.

Je marche donc dans la terre labourée. Et naïvement je persiste à croire que le passage des sables « est tout près », tellement près que c'est peine superflue d'enjamber mon cheval. Enfin j'établis le compte du chemin parcouru : nous avons déjà fait trente-deux kilomètres !

Le soleil baisse, atteindrons-nous les cols? Si oui, je n'aurai le temps de rien observer avant la nuit; si non, je n'ai de vivres que pour la matinée de demain, et force est de retourner sans avoir rien reconnu. Je finis par me fâcher, et le guide se décide à me montrer, à perte de vue, une montagne de sable qu'il appelle Guern-el-Chouf, d'où, m'assure-t-il, je vais tout découvrir.

Il est cinq heures : pour gagner du temps, je laisse nos hommes, qui n'en peuvent plus,

dresser la tente, et j'essaye, avec M. Rolland.
d'arriver tandis qu'il fait jour. — De ma vie
je ne fis pareille escalade. A chaque onde
de sable on s'arrête haletant, on regarde le
soleil qui baisse et l'on se demande si l'on aura
la force de gravir l'onde suivante. On glisse,
on roule, on culbute, on dégringole : la dune
s'enfonce et s'éboule; les bottes s'enfouis-
sent à tour de rôle, l'effort qui exhume l'une
ensable l'autre. Et toujours le soleil baisse et
le sommet recule. — Nous y sommes enfin!
blêmes comme la mort, et fixant des yeux
tout rouges sur les cols qui vont disparaître.
Il me semble ressentir encore l'effroi de voir
les grandes ombres du soir s'allonger sur
les dunes et voiler impitoyablement le
passage.

Quel spectacle en ce moment! Mais le
temps presse, le soleil ne montre plus qu'une
moitié de son disque; et tout à l'heure il ne
restera devant nous que des fonds ternes et
des reliefs indécis sur un horizon jaune. La

lumière nous manque, il nous faut tout interrompre. Nous descendons navrés; à peine avons-nous entrevu ces belles crêtes violettes de rochers qui bordent la route d'In-Salah, et ce beau ciel si calme qui plane sur les oasis du Sud, sur le Soudan, sur le pays des nègres, de la fièvre et de l'esclavage. Tout ce qui me reste comme souvenir de cette échappée furtive sur l'Afrique centrale, c'est l'éclat améthyste des falaises, c'est la teinte safran du ciel : la sérénité et la splendeur qui règnent sur ce théâtre de grandes misères humaines.

Huit heures du soir.

J'ai rebroussé. La lune à son premier quartier éclaire la plaine de rayons verticaux qui ôtent tout relief aux ondulations du sol; et, pour finir cette malencontreuse journée, il faut que j'erre deux grandes heures dans la plaine pour retrouver la tente.

Au campement.

Nous sommes sur le champ d'incursion des Touaregs, et nos Chambâ ne dissimulent pas qu'ils sont peu rassurés. Ah! je n'ai pas de peine à organiser la garde : toute la nuit nos Arabes sondent le lointain et rôdent en patrouille à plus d'un kilomètre. « Veillez, veillez bien », crie à chaque instant Abd-el-Kader, notre vieux guide : et les Arabes, qui répondent à la fois de tous les coins du bivouac, n'ont certes guère l'envie de s'endormir.

L'aube approche; et les premières lueurs du jour me font apercevoir, sur la rive occidentale de la plaine, un point où la dune semble déprimée : ne serait-ce pas un autre col? le temps nécessaire aux préparatifs du départ me suffira pour l'explorer, j'y cours.

24 février, six heures du matin.

Succès! Le sable, ici, couvre à peine un kilomètre et demi, et la dune où s'ouvre le passage est la plus imposante d'allure que j'aie vue. La crête de sable s'abaisse du sommet de la chaîne au niveau de la plaine, en serpentant de ce trait ferme et fièrement ondulé qui marque par un gros temps l'arête oscillante des flots. Malgré moi, je me laisse glisser dans le creux de la vague et je m'attarde à contempler le bleu du ciel, qui prend d'ici je ne sais quelle profondeur limpide. C'est, je gage, ce ciel qu'a vu Dante lorsqu'au sortir de l'enfer il revint à la clarté du jour : un ciel « dont la douce couleur est celle du saphir d'Orient ». Certes il y a dans ce ciel de quoi tourner la tête : on ne résiste pas à ce bleu-là ; et le tercet où il se mire dans sa splendeur se jette en travers de mes mesures et m'obsède comme une idée fixe. On a bien des fois décrit le ciel d'Afrique : Dante, qui ne l'a jamais vu, est en somme celui qui l'a le mieux peint.

# XXVIII



24 février.

Nous revenons. Tout s'est trop bien terminé; et mes Arabes, avec la mobilité de leur caractère, passent de la terreur à l'excès de la confiance. Je ne puis plus obtenir qu'ils éclairent. Tout surpris de n'avoir pas été dévorés, ils se donnent les airs de gens au-dessus de la peur, ils se sentent si contents d'eux que je ne puis les tenir; ils se figurent m'avoir sauvé la vie et m'obéissent comme à un obligé.

Le nomade songe toujours à son chameau, c'est un bon sentiment d'ailleurs. Il y a dans les sables du drinn de quoi faire un régal à tous les chameaux du monde. Et mes Arabes, sans me consulter sur le chemin à prendre, m'ensablent si bien, que les Européens à pied ne peuvent avancer et restent sur les dents. Cela mérite un rappel, mais sous quelle forme le donner? — A ce moment un souvenir biblique vient me servir à souhait : un souvenir de seconde main, que j'emprunte à une tragédie de salon faite au dix-septième siècle par un homme d'esprit pour une vieille institutrice : je me rappelle que, sous le règne d'un certain Assuérus, certain Aman maugréa fort de mener en laisse un cheval de triomphe qu'il devait monter lui-même. Si je renouvelais aujourd'hui l'histoire de Mardochée? — Bien m'en prend. Je réunis les cavaliers indigènes, et leur dis, avec tout le sérieux dont je suis capable, ceci : « La mauvaise route où vous nous avez engagés est cause que ces hommes à pied sont harassés : cédez vos places, et conduisez vos chameaux en laisse. » — Jamais Arabes ne furent plus décontenancés. Ah! j'avais saisi juste le joint du caractère oriental : être cavalier à mehari, et se voir réduit à l'humiliation de mettre pied à terre pour promener sur sa propre monture un misérable homme de peine, cela leur crève le cœur. — Et puis les cavaliers arabes ne portent point de chaussures, et les cailloux de la plaine gênent fort. Il y a de ma part un peu de cruauté à les faire marcher de la sorte : mais la cruauté est si bien orientale et la correction si nécessaire, que je me pardonne presque.

On s'avance ainsi, Mardochée sur le chameau et Aman nu-pieds à son service, jusqu'aux palmiers de Goléah. A ce moment, deux de mes victimes viennent respectueusement saisir chacune une des rênes de mon cheval, ni plus ni moins que pour un sultan : je me lasse vite de tant d'honneur et leur fais signe de me laisser conduire moi-même.

— Calcul manqué! Sera-t-il dit que les cavaliers chambâ se montreront dans l'oasis sous le coup de cette accablante punition? Il faut à tout prix me fléchir : les mains se tendent vers moi, peu s'en faut qu'on ne se prosterne ; on se lamente, on supplie en arabe. « Eh ! laissez-moi, leur dis-je en français, je n'entends pas un traître mot à vos discours. — Merci ! répondent-ils, merci ! Dieu te bénisse ! » — J'ai parlé, donc j'ai fait grâce. J'accepte l'équivoque, tous se pressent pour appliquer leurs lèvres à mes mains, à mes genoux, à la bride de mon cheval : en un clin d'œil les Arabes sont tous hissés, et je fais mon entrée dans l'oasis entouré comme un roi, au son d'une flûte avec accompagnement de deux marmites en guise de tambours.

Que tout cela est bien arabe, ou plutôt que c'est bien enfant ! Reconnaissez-vous là le gamin qui a peur, et puis qui passe sans savoir pourquoi de la timidité niaise à la plus téméraire insouciance ? On lui met les oreilles d'âne, il pleure ; on les lui ôte, il embrasse : point de rancune, mais pas le moindre esprit de suite. Ce qui m'a du moins touché, c'est l'esprit d'obéissance : j'ai vu des visages contractés, le rouge au front, mais pas une voix ne s'est élevée pour discuter la sentence biblique ; le Grand de la caravane avait parlé.

Goléah, trois heures du soir.

Nous faisons nos adieux au cheikh. « Restez, nous dit-il, restez, et le médecin aussi : nous vous ferons une maison tout en haut de la forteresse, et vous serez des nôtres. » Pure politesse, bien entendu. Mais le docteur rend des services ; et lui, du moins, on ne serait pas fâché de le garder un peu. — Pour répondre à cette avance aimable par une excuse polie, j'explique que plusieurs de nous sont mariés et que leurs familles les attendent : le cheikh ne comprend rien du tout à ce langage ; la patrie d'un nomade est partout où il se trouve bien.

Nous remercions les notables de Goléah de leur accueil : nous offrons au cheikh tout un vêtement arabe, à Couïder une gandoura. Chacun regarde un instant son cadeau, le retourne dans ses grosses mains, et l'emporte en marmottant entre les dents une espèce de merci. L'Arabe de la fantasia voudrait lui aussi un souvenir : à défaut d'un objet de prix, il demande un certificat; puis il réclame quinze douros pour avoir, dit-il, organisé à notre intention un service d'éclaireurs en plein désert. Nous marchandons, il offre de transiger; bref, il se fait honteusement prouver qu'il n'a rien organisé du tout, et que nous ne lui devons rien, sinon de s'être tué à moitié en notre honneur.

De son côté, Couïder reste près de la tente comme s'il attendait encore : « Es-tu content? — Oui; mais de retour à Alger, je compte bien que tu m'enverras en souvenir un fusil à deux coups. Je te suis dévoué, tu l'as vu; j'appartiens ici au « sof » des Français : vienne le chef de l'autre sof :

— Vois, lui dirai-je, quels présents j'ai reçus des Français! » — Singulier sens moral : jamais l'habitant du Sahara n'est l'homme d'un principe, il est l'homme d'un parti ; et le parti qu'il sert sera toujours celui « des fusils à deux coups ». Couïder n'est pas Arabe, mais sur ce point Arabes ou Zennata se valent.

25 février.

Nous avons exprimé le désir que notre départ se fît sans éclat ; les indigènes n'en tiennent compte : ils brûlent de la poudre en notre honneur, et le cheikh nous accompagne une heure durant ; peut-être il nous suivrait encore, si une rixe ne l'eût rappelé. On se bat à Goléah, et l'on se bat par notre faute : nous avons laissé quatre fagots non brûlés sur l'emplacement du camp, les gens se les disputent. Le cheikh va mettre l'ordre, et nous cheminons vers Ouarglâ, vers Biskra, vers le monde habité.

# XXIX

## DE GOLÉAH AU PUITS D'EL-AICHA.
## NEUF JOURS SANS EAU.

C'est une rude condition d'être condamné pour la vie au supplice de la soif. Tel est le sort auquel les chameaux sont voués. Les miens viennent de marcher huit jours sans boire pour arriver à Goléah, et pendant neuf jours, au sortir de Goléah, ils vont marcher sans boire. Eh bien, ils cheminent, je n'ose dire sans grogner, mais sans que leur grognement dénote une nuance de mauvaise humeur. Qui est né chameau a la sagesse en partage, il voit les choses du monde du haut de sa grande taille et promène sur ceux dont il aurait le droit d'être jaloux un regard bienveillant et désabusé. Nous voyons ces malheureuses bêtes s'accroupir le soir avec la soif, se lever le matin avec la soif, marcher tout le jour sur les cailloux, et, dans les rares instants de répit qui leur restent, ruminer d'un air qui n'est ni indifférent ni pensif, mais qui est triste à la mort et pénétrant comme la froide résignation du désespoir.

L'aspect de cette contrée est désolé, plus désolé encore que celui des plateaux au nord de Goléah : de grandes surfaces pierreuses que les vents chargés de sable ont usées et polies ; une plaine de roc fendillé, qui n'offre nulle part de grandes ondulations, mais partout des crevasses : un pays sans ampleur, toujours le même, et qui n'éveille d'autre impression que l'ennui.

Il semble même que ce n'ait point été assez des disgrâces de la nature, la main de l'homme est venue de nos jours ajouter à la désolation de cette contrée maudite. Il y a dix ans, l'Oued-Mya (c'est le nom de la plaine) offrait à chaque journée de marche des puits dont les sauvages du Gourara profitaient pour pousser leurs incursions jusqu'à Ouarglâ; les tribus de Ouarglâ s'affranchirent de la menace en comblant les puits : et cette œuvre de défense, qui fut une œuvre de dévastation, fit de cette contrée le désert des déserts. Aujourd'hui, celui qui de Goléah veut atteindre Ouarglâ ne rencontre sur plus de deux cents kilomètres que des puits morts; je me trompe, il en reste un, celui de Kechaba : et c'est là, paraît-il, que notre sort est de finir. Un parti de quatre cents noirs du Gourara nous y guette, sûr de sa proie. C'est le seul point d'eau, nous ne saurions passer ailleurs, le piége est inévitable. Mais nos chameaux ne l'entendent point ainsi : ils font bravement leur traite de neuf jours sans une goutte d'eau, et nous mènent droit vers le puits d'El-Aïcha, à la barbe de tous les noirs qui se morfondent à nous attendre.

Tout est miracle dans cette traversée : non-seulement nous n'y laissons pas nos os, mais nous n'y perdons qu'un seul de nos chameaux, et c'est moins aux souffrances de la soif qu'aux tortures de la faim qu'il succombe : cela donne la mesure de l'aridité. L'herbe manque, elle manque absolument : des kilomètres carrés n'en contiennent pas une touffe, pas un brin; fût-on chameau ou même autruche, on ne saurait vivre que de cailloux en ce pays; jamais, je crois, l'homme n'y vécut, jamais, même dans ce passé préhistorique qui fut l'âge d'or du Sahara : les flèches de silex dont les premiers représentants de l'humanité ont semé le désert, les flèches de silex ne se retrouvent point ici, et leur absence dénote que de tout temps l'homme a fui ce sol ingrat.

3 mars.

A force de marcher, on sent pourtant l'approche d'un monde habitable, et c'est l'homme préhistorique qui reparaît le premier : voici des silex taillés (ils sont rares, mais ils existent), et leur seul aspect témoigne d'une ancienneté prodigieuse. Ils ont les arêtes usées par les sables; la forme en est grossière et le travail primitif. Le docteur lit dans ces caractères toute une histoire. Les flèches grossières et usées du Sud sont à ses yeux des vestiges des plus anciens temps; les belles flèches du Nord, correctes et toutes neuves, sont les témoins d'une industrie plus perfectionnée et de plus récente date : le Sud était abandonné alors que l'espèce humaine occupait encore le nord du Sahara : c'est par le centre que le désert a commencé. — Pour ma part, cette hypothèse me ravit; et ce qui me ravit plus encore, c'est que le puits n'est pas loin et que demain nous allons boire.

5 mars.

Le voici donc, le puits d'El-Aïcha, qui a été neuf jours durant l'objet de nos rêves et qui, je pense, troublait dans leurs longues insomnies les imaginations de nos chameaux. C'est un trou d'une vingtaine de pieds dans un site insignifiant, avec une margelle ruinée, une auge en plâtre, et point d'eau, ou si peu que rien. En moins d'une heure le puits est tari, et il faut rester là le gosier sec; mais les chameaux sont doués d'une patience surhumaine. Vous vous figurez qu'à la vue de l'eau ils se pressent, se bousculent et se précipitent? — Non pas, ils boivent posément, chacun avale sa gorgée, lève le nez, regarde un instant son voisin et replonge le museau dans l'auge. Le reste de la troupe attend, et grogne pour passer le temps : personne ne se presse, personne n'a l'air de s'émouvoir, personne n'est ému : le chameau a l'heureux privilége d'être impassible, et c'est là peut-être le plus net de la philosophie que j'admire en lui.

# XXX

## NOS DERNIÈRES ÉTAPES AU DÉSERT.
## COUP D'ŒIL SUR LES POPULATIONS ARABES
## DU SAHARA.

Le trajet du puits d'El-Aïcha à Ouarglâ dure trois jours encore; et partout le Sahara se montre sous son éternel aspect de désolation : un pays plat, avec des cailloux et du sable, où rien n'est vert, où tout est triste. — Quant au désert entre Ouarglâ et Biskra, surtout à partir de Tougourt, c'est un affreux abus de l'appeler le désert : ou bien il faut s'entendre sur les mots; et je m'en suis assez bizarrement aperçu.

C'était le 28 mars. J'allais atteindre Tougourt et j'installais le camp près des palmiers de Bledet-Amar, quand je distingue dans la plaine un Européen d'excellent air. Un Européen! Sa rencontre est une fête, mais comme son équipement m'intrigue! il se promène avec une désinvolture parfaite, la canne à la main, sans équipage d'eau : suivi d'un indigène et d'une mule. « Et vous voyagez au désert sans autre appareil? Où donc est votre tente? où sont vos provisions? — Une tente, des provisions? accessoires superflus. Le désert n'est pas si terrible qu'on le fait : je sacrifie un peu de mon bien-être, et je voyage en touriste, c'est charmant! —- Hé quoi! vous avez donc le secret de vivre sans manger, sans boire, sans abri? — Encore une fois, je sais me contenter de peu. Faute de mieux, je déjeune de dattes; l'eau saumâtre? j'en ai pris mon parti. Un abri? Quand je n'aurais pas tous les soirs un bon lit, meurt-on pour se rouler dans son burnous et coucher une nuit, par hasard, à la belle étoile? » Grande est ma surprise à cette révélation d'un désert si peu maussade :

évidemment sous un même mot nous n'entendons pas, à beaucoup près, une même chose : chacun appelle Désert le désert qu'il a vu ; et bientôt, à mon tour, je saurai qu'en dehors du désert de la soif, il existe un désert de puits artésiens et de dattiers. Mais dès à présent nous sommes sortis du vrai Sahara, et nous lui faisons ici nos adieux ainsi qu'aux nomades qui l'habitent.

J'essaye en les quittant de fixer dans mon souvenir la physionomie morale de ces bons Arabes, et plus j'y songe, plus elle me semble se formuler sous ce mot d'enfants qui m'est revenu tant de fois à leur propos. Le caractère de l'Arabe répond de point en point à celui de l'enfance : l'enfance avec tous ses écarts, toutes ses petites passions, ses préjugés, ses terreurs, et disons-le, avec ses élans généreux et la fougue de son inexpérience. L'Arabe aime le bruit pour le bruit, le désordre pour le désordre ; il lui faut le

tapage, la fantasia brillante; il joue au sol-
dat, et ne songe pas plus aux principes
lorsqu'il embrasse une cause ou la cause
opposée, qu'un collégien s'enrôlant pour une
partie de barres dans un camp ou dans l'autre : sa légèreté est incorrigible, et fait de
lui dans le monde musulman un type absolument inverse du type turc. Le Turc, du
moins celui qu'aucune influence étrangère
n'a gâté, représente l'homme mûr, sérieux et
sans illusions, l'homme à vues nettes, à principes arrêtés, à ligne de conduite sûre et
ferme; foncièrement honnête, marchant
droit, un peu farouche et sachant tout au
plus revêtir d'un vernis de rustique délicatesse sa probité sauvage. Ce qui manque à
l'Arabe, c'est cet esprit de suite et de conduite : faute de savoir où il va, il louvoie,
s'avance par détours, et fait sans cesse
fléchir les principes par de petits compro-
mis de conscience. Sa finesse tient de la
ruse, et sa franchise est rarement sans

réserve. Esprit de détail, de menues observances et de petites pratiques, il a trouvé
moyen de substituer au Koran un ramas de
légendes incohérentes et de dévotions indi-
viduelles, et d'empreindre l'islamisme même
de son esprit de division et de coterie.

Bien des fois, je l'avoue, en face de
cette figure si vivante, mais si étrange, de
l'Arabe du désert, je me suis pris à me
demander comment on peut à ce point « être
Persan ». — Et pourtant, lorsqu'on y
regarde de près, cet Arabe-là est en somme
ce que le désert l'a fait, rien de plus, rien
de moins.

Supposons qu'un groupe humain soit jeté
au Sahara et s'y acclimate : l'état social
auquel il finira par aboutir sera le régime
arabe ou quelque chose d'approchant, le
résultat est pour ainsi dire fatal. Le pays,
faute d'eau, ne peut être cultivé; forcé est d'y
mener l'existence pastorale, courir à la recherche d'une touffe d'herbe, et changer de sta-

tion chaque fois qu'un pâturage s'épuise. La population est donc sans attache au sol, et la propriété foncière ne saurait exister pour elle. L'industrie à son tour est une ressource bien limitée : des nomades n'en pourraient traîner avec eux ni le lourd matériel ni les produits encombrants; réduits à ne posséder que des vêtements, des tapis et des tentes, ils ne fabriquent rien d'autre, et leurs loisirs demeurent à peu près sans emploi. Ainsi l'habitant du désert est voué, faute d'industrie, à la vie de privations en même temps qu'à la vie d'oisiveté. — Et cela mène loin. Qui dit gens oisifs, dit gens tracassiers, querelleurs. — Dieu sait si les Arabes du désert le sont. Peu à peu, une défaveur dédaigneuse s'attache à l'idée d'une occupation quelle qu'elle soit; et comme il n'est point d'existence si primitive qui n'exige quelque effort, instinctivement on rejettera la charge du travail sur d'autres : l'esclavage se présente comme la suite de l'oisiveté pastorale, et, avec l'esclavage, l'asservissement de la femme. Qui est assez fort pour imposer à d'autres sa part de fatigue finit toujours par s'en affranchir aux dépens du plus faible. La femme devient un instrument de travail ; et, comme deux femmes produisent plus de travail qu'une, on prend deux femmes, on en prend trois : la polygamie chez les chefs — et elle n'existe que pour eux — n'est qu'une nuance de l'esclavage.

Le morcellement politique est encore une des conséquences de la vie nomade. Les tribus, éparses dans le Sahara comme des navires sur une mer, ne sauraient constituer un corps de nation : l'autorité s'y décentralise, et chaque tribu prend les allures d'un petit État qui profite de son isolement pour ne relever que de lui-même. — Faut-il s'étonner de voir ces nomades vivre entre eux sur un pied de guerre continuelle ? leur division en États indépendants explique tout. Leurs querelles, non plus que les différends

entre nations, ne peuvent se résoudre par
des procès, elles se tranchent par des guer-
res; la razzia devient une institution et peu
à peu dégénère en moyen d'existence : tout
est logique, déplorablement logique dans
cette organisation de la société nomade.
C'est la vie du désert, et c'est aussi le
régime séculaire de la race arabe : mais il y
aurait peut-être erreur et injustice à regarder cette race comme incapable d'en adopter un autre. Les tribus arabes ont prouvé,
dans le Tell aussi bien qu'en Espagne,
qu'elles peuvent quitter la tente, se mêler
aux populations sédentaires et, comme elles,
s'attacher au sol. C'est là l'inévitable évolu-
tion réservée aux tribus qui campent encore
en dehors du Sahara. Pour elles, la vie
errante est avant tout un fait de tradition,
un régime importé que n'exige ni le climat
ni même la race, une situation factice qui
doit avoir un terme : tôt ou tard il leur fau-
dra se fixer, leur avenir est à ce prix. A

quel point s'assimileront-elles aux Européens? dans quelle mesure faut-il souhaiter qu'elles adoptent nos usages et nos mœurs? je ne sais; mais à coup sûr leur condition n'est point de conserver sur un sol cultivable un mode d'existence que le désert seul justifie.

Pour tout résumer, il me semble qu'on peut concevoir l'Afrique du Nord comme partagée en deux zones, dont une seule, celle du Sahara, impose à ses populations une existence errante. Dans cette zone déshéritée, la vie nomade est nécessaire, inévitable; il faut l'admettre avec ses conséquences, si regrettables soient-elles : vouloir la bannir de ce terrain, est illusion et chimère. Limiter ses empiétements, ménager entre elle et la civilisation sédentaire un contact pacifique, voilà du moins ce qu'on est en droit de prétendre et ce qu'on doit tenter. Ce premier résultat acquis, les bornes du monde nomade reculeront d'elles-mêmes devant l'activité européenne qui transforme tout. Et si la voie de pénétration que nous allions étudier au Sahara se réalise un jour, ce jour-là le désert et la vie nomade seront bien près de se renfermer dans le champ que la nature leur a voué sans retour.

# TABLE

Paris. — Typographie de E. Plon et Cie, rue Garancière, 8.

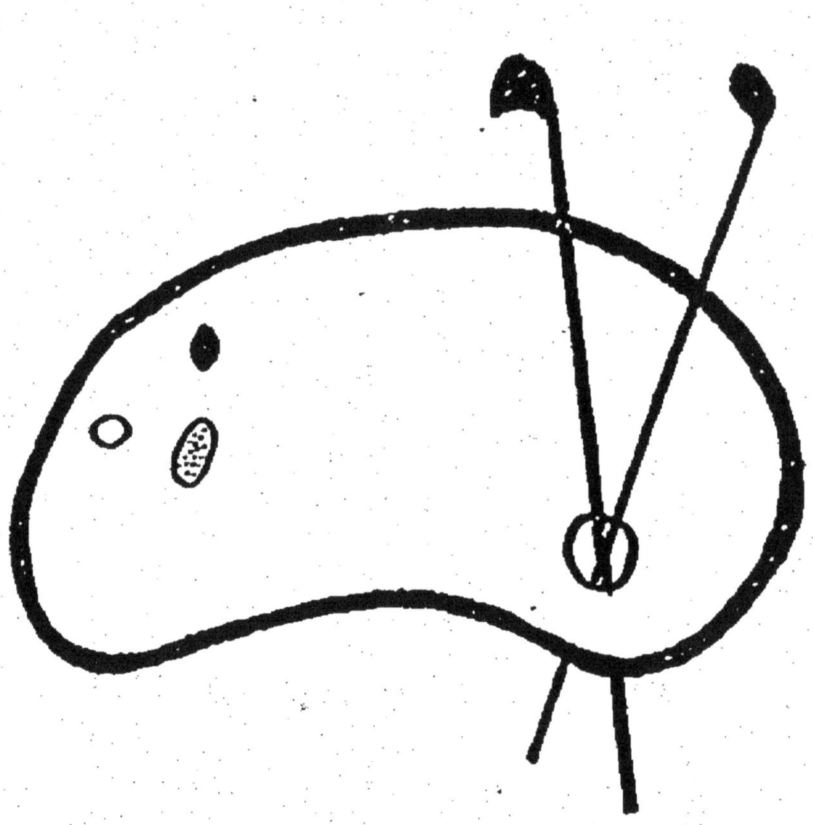

ORIGINAL EN COULEUR
NF Z 43-120-8

www.ingramcontent.com/pod-product-compliance
Ingram Content Group UK Ltd.
Pitfield, Milton Keynes, MK11 3LW, UK
UKHW022103120726
13694UKWH00001B/325